El Inglés Práctico
Para personas que hablan español

Practical English
For Spanish Speakers

EDICIÓN CORREGIDA AL DÍA
REVISED EDITION

A division of MPS Multimedia, Inc. · San Mateo, CA 94402
www.lang30.com

AUTHORS
Cynthia Schuemann, M.S.
Assistant Professor, TESOL
The English Language Institute, Miami-Dade Community College
and Annie Scarborough

EDITOR-IN-CHIEF
Annie Scarborough

CONTRIBUTING EDITORS
Dr. Guillermo Pérez
Associate Professor Sr.
The English Language Institute, Miami-Dade Community College

José R. Bahamonde
Associate Professor Sr.
The English Language Institute, Miami-Dade Community College

ILLUSTRATED BY
David Bloch

PRODUCED BY
Annie Scarborough and Brian J. Wright

RECORDED BY
Evan Haning, Lauren Jennings, Robert Miller,
Steven Swidowich, and Kate Yilmaz

El Inglés Práctico · Practical English

ISBN
CDs with Book: 1-93185-056-9
MP3 Disc with PDF Book: 1-93185-057-7
Book: 1-93185-058-5

© 2013 LANGUAGE/30. All rights reserved. No part of this book may be reproduced in any form without permission from the publisher. Unauthorized duplication of audio files is a violation of applicable laws. LANGUAGE/30 is a trademark of MPS Multimedia, Inc. Printed in USA.
Reservados todos los derechos.

Contents

INTRODUCCIÓN i
INTRODUCTION ii

CHAPTER 1: WELCOME TO PRACTICAL ENGLISH! *(Side 1)* 1
CAPÍTULO 1: ¡BIENVENIDO AL INGLÉS PRÁCTICO!
Meeting People 1
The Alphabet 3
Numbers 1-20 3
José Goes to School 4
In the Classroom 7
Where Are You From? 12

CHAPTER 2: THE DURÁN FAMILY AT HOME 14
CAPÍTULO 2: LA FAMILIA DURÁN EN CASA
Numbers 20-100 16
José's Family 17
The Telephone 21

CHAPTER 3: IN THE CITY *(Side 2)* 27
CAPÍTULO 3: EN LA CIUDAD
At the Post Office 29
On the City Bus 36

CHAPTER 4: LET'S GO SHOPPING! 37
CAPÍTULO 4: ¡VAMOS DE COMPRAS!
Vocabulary at the Grocery Store 38
Shopping for Clothes 44
At the Clothing Store 45
Colors 48
The Cashier 50
At the Fast-Food Restaurant 51

CHAPTER 5: TIME AND DATES 52
CAPÍTULO 5: LA HORA Y LAS FECHAS
The Days of the Week 53
The Months of the Year 53
Telling Time 54

CHAPTER 6: MONEY *(Side 3)* 58
CAPÍTULO 6: EL DINERO
At the Store 59
At the Bank 60
Writing a Check 63

CHAPTER 7: EMPLOYMENT 65
CAPÍTULO 7: EL EMPLEO
Looking for a Job 71
The Interview 72
A New Job 74
Working at the Office 75
Monday Morning at Work 76

CHAPTER 8: A NEW HOME 77
CAPÍTULO 8: UN HOGAR NUEVO
Calling About an Apartment 78
At the Apartment 79
Moving Day *(Side 4)* 84
The New Living Room 85
Chores 86
Monday Morning 87

CHAPTER 9: HEALTH 88
CAPÍTULO 9: LA SALUD
Calling the Doctor 92
Seeing the Doctor 94
An Emergency Phone Call 95

CHAPTER 10: ENTERTAINMENT 96
CAPÍTULO 10: ENTRETENIMIENTO
The Weather 98
Time to Leave 99
At the Gas Station 99
At the Lake 100
Next Day at Work 101
What's on TV? 103

A BRIEF GUIDE TO GOVERNMENT SERVICES 104
UNA GUÍA BREVE PARA LOS SERVICIOS DEL GOBIERNO

GUIDE TO ENGLISH GRAMMAR
RESUMEN DE LA GRAMÁTICA INGLESA
Adjectives *(Los adjetivos)* 108
Adverbs *(Los adverbios)* 108
Articles *(Los artículos)* 109
Word Order in Statements and Questions *(El orden de las palabras
  en oraciones y preguntas)* 110
Pronouns *(Los pronombres)* 111
Nouns *(Los sustantivos)* 113
The Gender System *(El sistema genérico)* 114
Verbs *(Los verbos)* 115

VOCABULARY INDEX
ÍNDICE DE VOCABULARIO
English-Spanish 120
Español-Inglés 129

INTRODUCCIÓN

¡Felicidades! Ha tomado la importante decisión de aprender inglés por sí mismo. Saber inglés enriquecerá mucho sus oportunidades y actividades profesionales, sociales y de viaje.

El *Inglés Práctico* ha sido preparado especialmente para principiantes y como curso de repaso. El curso se divide en diez lecciones organizadas según un patrón común de diálogo, ejercicios y conversación. Ud. aprenderá el uso correcto de oraciones y gramática, y la pronunciación apropiada al oir voces de mujeres y hombres norteamericanos, y enriquecerá su vocabulario. En aras de la sencillez, el material se presenta de modo paulatino: primero lo más fácil para luego entrar a lo más difícil.

Como todas las lecciones de su libro están en inglés y en español, Ud. sabrá lo que significa el material y no se sentirá confundido.

Le recomendamos que obtenga un diccionario pequeño español-inglés/inglés-español. Llévelo cuando salga; esto le ayudará a buscar cualquier palabra desconocida que escuche o lea.

Consejos útiles para el uso de *El Inglés Práctico*.

1. Tras leer esta introducción, vaya a la primera página del libro y lea mientras va oyendo las oraciones en inglés. Repita cada oración en voz alta y con cuidado durante las pausas.

2. Es importante que repita las oraciones en voz alta. ¡No basta con sólo escuchar! Los experimentos muestran que es más útil para la memorización repetir una palabra en voz alta entre diez y veinte veces, que leerla entre cincuenta y cien veces sin pronunciarla.

3. Practique su inglés hablándolo tan seguido como pueda. La repetición constante le acostumbrará a la fonética y al ritmo del inglés.

4. Practique con amigos y parientes. El estudio en grupos pequeños enriquece el aprendizaje.

5. Consulte a menudo la parte dedicada al Resumen de la Gramática Inglesa para ir mejorando su inglés, tanto escrito como hablado.

6. El nuevo vocabulario que no está traducido en las conversaciones del texto se encuentra bajo el encabezado *Vocabulary* en orden alfabético al pie de la página. También hay un vocabulario completo al final del libro.

7. Las tareas *(Assignments)* son ejercicios prácticos que se hacen en hojas de papel.

8. Antes de escuchar las respuestas de los ejercicios del libro, escuchará una campana. Inmediatamente deberá detener el tocacintas y hacer el ejercicio. Cuando haya terminado y verificado sus respuestas, deberá encender de nuevo el tocacintas y verificar que sus respuestas sean las mismas que las de la cinta.

Para los maestros: *El Inglés Práctico puede* constituir un buen complemento pedagógico para demostrar la pronunciación correcta del inglés norteamericano.

INTRODUCTION

Congratulations! You have made the important decision to learn English on your own. Knowing English will greatly enrich your professional, social, and travel opportunities.

El Inglés Práctico (Practical English) is designed especially for beginners and as a refresher course. The course is divided into ten lessons, each containing dialogues, exercises, and conversations. You will learn the correct conversational and grammatical usage, increase your vocabulary, and develop good pronunciation by listening to the voices of North American men and women. The material is presented in an accumulative manner, beginning with the simplest and progressing to the more complex.

Since all the lessons in your book are presented in English *and* Spanish, you will understand the material, and not feel confused.

We recommend that you purchase a small Spanish-English/English-Spanish dictionary. Carry it with you when you go out so that you can check the meaning of any unfamiliar word you hear or read.

Guidelines for using *El Inglés Práctico.*

1. After reading this introduction, turn to the first page of the book and, as you listen to the cassette, read the phrases in English.
2. It is important to say the phrases aloud. Just listening is not enough! Tests show that a word spoken ten to twenty times is more readily remembered than a word seen fifty to one hundred times.
3. Practice your English by speaking it as often as possible. Constant repetition will help you to familiarize yourself with the pronunciation and the intonation of English.
4. Practice with friends and relatives. Studying in small groups makes learning easier and more pleasurable.
5. Refer regularly to the Guide to English Grammar so as to improve your writing skills, as well as your spoken English.
6. New vocabulary which is not translated as part of the conversation in the text is listed under the heading VOCABULARY at the bottom of the page, in alphabetical order. There is also a complete vocabulary index at the back of the book.
7. The "Assignments" are practical exercises which should be done on additional sheets of paper.
8. Before the answers to the exercises are given on the cassettes, you will hear a bell. You should immediately turn off the cassette player and do the exercise. When you have completed the exercise, you should turn the cassette player on again to check that your answers are the same as those on the cassette.

Note to teachers: *El Inglés Práctico* can be used as a classroom supplement to demonstrate standard American English pronunciation.

CHAPTER 1

Side 1

**WELCOME...
TO PRACTICAL ENGLISH!**

**¡BIENVENIDO...
AL INGLÉS PRÁCTICO!**

Meeting People

Conversation 1

José:	Hello. My name is José.
María:	Hi. I'm María.
	Nice to meet you.
José:	Nice to meet you, too.
María:	And this is my friend, Oscar.
José:	Nice to meet you, Oscar.
Oscar:	Nice to meet you, too.

Conociendo gente

Conversación 1

Hola. Me llamo José.
Hola. Yo soy María.
Mucho gusto en conocerle.
El gusto es mío.
Y éste es mi amigo, Oscar.
Mucho gusto en conocerle, Oscar.
El gusto es mío.

VOCABULARY

chapter . . . . *capítulo*
hi . . . . *hola (más informal que* hello*)*
I'm (=I am) . . . . *yo soy*

name . . . . *nombre*
nice . . . . *agradable*
too . . . . *también*

Substitution Practice

Substitute the underlined word with the new one in parentheses. Follow the example below.
Sustituya la palabra subrayada con la nueva que aparece en paréntesis. Siga el ejemplo siguiente.

Example:
Ejemplo:

This is my friend, <u>Oscar</u>. (Barbara, Tom, Susan)

Usted escuchará: This is my friend, <u>Oscar</u>.
Ud. repitirá esa frase.

*Luego, escuchará **Barbara**, y Ud. dirá:* This is my friend, <u>Barbara</u>.
*Luego, escuchará **Tom**, y Ud. dirá:* This is my friend, <u>Tom</u>.
*Luego, escuchará **Susan**, y Ud. dirá:* This is my friend, <u>Susan</u>.

Continue to do this for each phrase in the substitution practices.
Haga lo mismo para cada frase en los ejercicios de sustitución.

Now listen to the cassette and say the phrases as explained above.
Ahora escuche la cinta y diga las frases como se explica encima.

Substitution Practice

This is my friend, <u>Oscar</u>.	(Barbara)
This is my friend, <u>Barbara</u>.	(Tom)
This is my friend, <u>Tom</u>.	(Susan)
This is my friend, <u>Susan</u>.	

Now do the exercise.
Ahora haga el ejercicio.

Substitution Practice

1. Hello. My name is <u>José</u>.   (María, Ann, Oscar)
2. Hi. I'm <u>Barbara</u>.   (Susan, Tom, Bill)
3. <u>Nice</u> to meet you, too.   (I'm glad, I'm happy)

VOCABULARY[1]

glad .... *contento*	new .... *nuevo*
happy .... *alegre*	phrase .... *frase*

---

[1] *La traducción del adjetivo se dará en masculino singular, pero se aplica también al femenino y al plural. En inglés, el adjetivo no cambia de género ni de número.*

The Alphabet

There are twenty-six letters in the English alphabet.
Hay veintiseis letras en el alfabeto inglés.

A B C D E F G H I J K L M N O P Q R S T U V W X Y Z

There are five vowels in the English alphabet.
Hay cinco vocales en el alfabeto inglés.

A E I O U

Numbers 1-20

Listen.

1	one	6	six	11	eleven	16	sixteen
2	two	7	seven	12	twelve	17	seventeen
3	three	8	eight	13	thirteen	18	eighteen
4	four	9	nine	14	fourteen	19	nineteen
5	five	10	ten	15	fifteen	20	twenty

Write the words for spelling practice.
Escriba las palabras para practicar la ortografía.
Example:

1 _one_   11 _____
2 _____   12 _____
3 _____   13 _____
4 _____   14 _____
5 _____   15 _____
6 _____   16 _____
7 _____   17 _____
8 _____   18 _____
9 _____   19 _____
10 _____   20 _____

VOCABULARY

letter . . . . *letra*   vowel . . . . *vocal*

José Goes to School

Conversation 2

Teacher:	Good morning, sir. What is your name?	
José:	My name is José Durán.	
Teacher:	Could you spell that please?	
José:	D-U-R-A-N	
Teacher:	What is your address?	
José:	It is 1310 Robinson Street.	
Teacher:	And your zip code?	
José:	It's 53242.	
Teacher:	Just one more question. What's your phone number?	
José:	It's 986-1077.	
Teacher:	And the area code?	
José:	It's 305.	
Teacher:	Thank you.	
José:	You're welcome.	

José va a la escuela

Conversación 2

Buenos días, señor.
　¿Cómo se llama Ud.?
Mi nombre es José Durán.
Por favor, ¿lo puede deletrear?
D-U-R-A-N
¿Cuál es su dirección?
Es Calle Robinson, número 1310.
¿Y su zona postal?
Es 53242.
Sólo una pregunta más.
　¿Cuál es su número de teléfono?
Es 986-1077.
¿Y el código de área?
Es 305.
Gracias.
De nada.

VOCABULARY

it's (=it is) . . . . *es/está*
morning . . . . *mañana (hasta el mediodía)*
teacher . . . . *maestro/a*

what's (=what is) . . *qué es/cuál es*
you're (= you are) . *Ud. es, está/ tú eres, estás*
your . . . . *su (de Ud./de ti)*

Substitution Practice
1. Good <u>morning</u>. (afternoon, evening, night)
2. What's your <u>name</u>? (last name, first name, address, zip code, phone number)
3. What's <u>your</u> name? (his, her, their)
4. It's <u>José Durán</u>. (1310 Robinson Street, 53242, 986-1077)
5. Could you <u>spell</u> that, please? (repeat, pronounce, explain)

José completes his school registration form. Complete this form with your personal information.
José llena su tarjeta de matrícula escolar. Llene este formulario con sus datos personales.

```
┌─────────────────────────────────────────────────────────┐
│              School Registration Form                   │
│                                                         │
│  NAME: _____ │
│           Last          First         Middle Initial    │
│                                                         │
│  ADDRESS: _____ │
│                                                         │
│           _____  │
│              City              State       Zip Code     │
│                                                         │
│  PHONE NUMBER:  (_____) _____ │
└─────────────────────────────────────────────────────────┘
```

VOCABULARY

afternoon	*tarde (desde el mediodía hasta las 6 p.m.)*	night	*noche*
city	*ciudad*	(to) pronounce	*pronunciar*
evening	*noche (6 p.m. -11 p.m.)*	registration form	*tarjeta de matrícula*
(to) explain	*explicar*	(to) repeat	*repetir*
first	*primero*	state	*estado*
last name	*apellido*	her	*su (de ella)*
middle initial	*inicial del segundo nombre*	his	*su (de él)*
		their	*su (de ellos)*
		your	*su (de Ud.), tu*

Study

In English, some verbs form contractions with the subject of the verb. This does not change their meaning. You have already seen some examples:
En inglés, algunos verbos forman contracciones con el sujeto del verbo. Eso no cambia su sentido. Ya ha visto unos ejemplos:

What's your phone number?	¿Cuál es su número de teléfono?
It's 986-1077.	Es 986-1077.
You're welcome.	De nada.
I'm glad to meet you.	Mucho gusto en conocerle.

The forms 's, 're, and 'm are contractions of parts of the verb <u>to be</u> which translates the two Spanish verbs, <u>ser</u> and <u>estar</u>.

Las formas 's, 're, y 'm son contracciones de partes del verbo <u>to be</u> que significa <u>ser</u> y <u>estar</u>.

Singular
I am → I'm
(yo soy/estoy)

you are → you're
(tú eres/estás, Ud. es/está)

he is → he's
(él es/está)

she is → she's
(ella es/está)

it is → it's
(es/está)

Plural
we are → we're
(nosotros somos/estamos)

you are → you're
(Uds. son/están)

they are → they're
(ellos/ellas son, están)

Note that the pronoun I *(yo)* is always written with a capital letter.
Nótese que siempre se escribe con mayúscula el pronombre I (yo).

Practice

In the blank, write the two separate words which form the contraction.
En la línea, escriba las dos palabras que forman la contracción.

what's _____   you're _____

it's _____   I'm _____

she's _____   we're _____

he's _____   they're _____

In The Classroom

Listen and repeat:

student	alumno	paper	papel
teacher	maestra	clock	reloj
classmate	compañero de clase	map	mapa
door	puerta	chalkboard	pizarra/pizarrón
window	ventana	chalk	tiza/gis
desk	escritorio	pen	bolígrafo/pluma
chair	silla	pencil	lápiz
table	mesa	pencil sharpener	sacapuntas
book	libro	ruler	regla
notebook	cuaderno	eraser	borrador

Write the English words under the illustrations.
Escriba el nombre en inglés de cada dibujo.

——————— ——————— ———————

 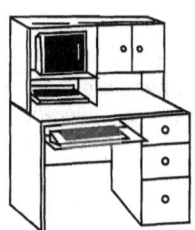 

——————— ——————— ———————

——————— ———————

Practice: singular and plural

Listen and repeat the singular and plural words on the cassette.
Escuche y repita las palabras en singular y en plural.

student	students
friend	friends
number	numbers
desk	desks
ruler	rulers
pen	pens

Conversation 3   *Conversación 3*

Teacher: José, what's this?   *José, ¿qué es esto?*
José: This is a book.   *Eso es un libro.*
Teacher: What are these?   *¿Qué son estos?*
José: These are books.   *Estos son libros.*

Substitution Practice

1. This is a <u>book</u>.   (door, window, clock, desk, pen, pencil, map, teacher, student)

2. These are <u>books</u>.   (doors, windows, clocks, desks, pens, pencils, teachers, students)

Practice

Write either <u>this is</u> (singular) or <u>these are</u> (plural) in the blanks.
Escriba o <u>this is</u> (singular) o <u>these are</u> (plural) en las líneas.

Examples:

1. __This is__ a book.   7. _____ a pen.
2. __These are__ pencils.   8. _____ a desk.
3. _____ rulers.   9. _____ teachers.
4. _____ a student.   10. _____ paper.
5. _____ doors.   11. _____ a window.
6. _____ a clock.   12. _____ José.

Listen to the cassette to check your answers.
Escuche la cinta para verificar sus respuestas.

Study

Look at the following pronouns:
Mire los siguientes pronombres:

he	*él*
she	*ella*
it	*forma neutral/impersonal*

The word it has no literal equivalent in Spanish. It refers to things that are non-human. The word it is also used in impersonal phrases:
La palabra it, no tiene equivalente en español. Se refiere a entidades que no son seres humanos. También se usa la palabra it en oraciones impersonales:

It is one thirty.	*Es la una y treinta.*
It is necessary.	*Es necesario.*

Practice

Replace the underlined words in the phrases on the left with he, she, or it in the phrases on the right.

Sustituya las palabras subrayadas de la columna izquierda, utilizando he, she o it con las frases de la columna derecha.

Example:

1. <u>Oscar</u> is my friend.   <u>He</u> is my friend.
2. <u>The zip code</u> is 53242.   _____ is 53242.
3. <u>María</u> is happy.   _____ is happy.
4. <u>The student</u> is José Durán.   _____ is José Durán.
5. <u>The ruler</u> is new.   _____ is new.

 Listen to the cassette to check your answers.

Conversation 4

Teacher: Hello, José. How are you today?
José: Fine, thanks. And you?
Teacher: I'm OK, thanks.

Conversación 4

Hola, José. ¿Cómo estás hoy?

Bien, gracias. ¿Y Ud?
Estoy bien, gracias.

Substitution Practice

1. I'm <u>OK</u>.
2. <u>I'm</u> fine.

(fine, happy, busy, tired, nervous)
(We're, You're, He's, She's, It's, They're)

Practice

In the written language, the long form of the verb <u>to be</u> is normally used, but in the spoken language, the contraction is more commonly heard.

En el idioma escrito, normalmente se usa la forma completa del verbo <u>to be</u>, *pero en la lengua hablada, se oye con más frecuencia la contracción.*

Write the contraction of the subject and verb.
Escriba la contracción del sujeto y el verbo.

1. I am OK.   <u>I'm</u> OK.
2. You are welcome.   _____ welcome.
3. He is my friend.   _____ my friend.
4. She is fine.   _____ fine.
5. We are teachers.   _____ teachers.
6. I am Bill.   _____ Bill.
7. It is a pen.   _____ a pen.
8. They are new.   _____ new.

Listen to the cassette to check your answers.

VOCABULARY

busy .... *ocupado/a*
happy .... *contento/a, alegre*

nervous .... *nervioso/a*
tired .... *cansado/a*

Study

In the following expressions, the verb to be is used in English, and not the verb to have.
En las siguientes expresiones, se usa el verbo to be (ser/estar) en inglés, y no to have (tener).

✓ correcto: ✓ I am cold.
✗ incorrecto: ✗ I have cold.

Study

Listen to the following phrases:
Escuche las siguientes frases:

I'm cold	Tengo frío
I'm hot	Tengo calor
I'm hungry	Tengo hambre
I'm sleepy	Tengo sueño
I'm thirsty	Tengo sed

Note that you can also say: I am cold, I am hot, I am hungry, I am sleepy, I am thirsty.
Note que también se dicen: I am cold, I am hot, I am hungry, I am sleepy, I am thirsty.

Practice

Write the following sentences using the contracted form of the verb to be.
Escriba las siguientes frases usando la contracción del verbo to be.

1. She is happy.   1. _She's happy._
2. We are busy.   2. _____
3. They are sleepy.   3. _____
4. He is thirsty.   4. _____
5. We are nervous.   5. _____
6. You are cold.   6. _____
7. I am hungry.   7. _____
8. He is hot.   8. _____

Listen to the cassette to check your answers.

Conversation 5

José:	Where are you from, María?
María:	I'm from Venezuela. How about you?
José:	I'm from Mexico.
María:	Oh. Are you from Mexico City?
José:	No. I'm from Chihuahua.

Conversación 5

José:	*¿De dónde eres, María?*
María:	*Soy de Venezuela. ¿Y tú?*
José:	*Soy de México.*
María:	*Ah. ¿Eres del Distrito Federal?*
José:	*No. Soy de Chihuahua.*

Substitution Practice

1. Where are you from, <u>María</u>?   (David, Ann, Steve)
2. Where <u>are you</u> from?   (is he, is she, is it, are they)
3. <u>I'm</u> from Venezuela.   (We're, You're, He's, She's, It's, They're)
4. I'm from <u>Venezuela</u>.   (Argentina, Bolivia, Chile, Colombia, Costa Rica, Cuba, The Dominican Republic, Ecuador, El Salvador, Guatemala, Honduras, Mexico, Nicaragua, Panama, Paraguay, Peru, Puerto Rico, The United States, Uruguay, Venezuela)
5. <u>Are you</u> from Mexico City?   (Is he, Is she, Is it, Are they)

Conversation 6

María:	Hello. My name is María.
David:	Hi. I'm David Smith.
María:	Are you American?
David:	Yes, I am.[2] I'm from Wisconsin. How about you?
María:	I'm Venezuelan.
David:	It's nice to meet you.
María:	Nice to meet you, too.

Conversación 6

	Hola. Me llamo María.
	Hola. Soy David Smith.
	¿Es usted norteamericana?
	Sí, soy. Soy de Wisconsin. ¿Y Ud?
	Soy venezolana.
	Mucho gusto en conocerle.
	Mucho gusto en conocerle, también.

Substitution Practice

1. Are you <u>American</u>? (Bolivian, Colombian, Costa Rican, Ecuadorian, Guatemalan, Honduran, Mexican, Nicaraguan, Panamanian, Paraguayan, Peruvian, Salvadoran, Venezuelan)
2. Yes, <u>I am</u>. (we are, you are, he is, she is, it is, they are)
3. No, <u>I'm</u> not. (we're, you're, he's, she's, it's, they're)
4. I'm <u>Venezuelan</u>. (American, Argentinian, Chilean, Cuban, Dominican, Mexican, Nicaraguan, Puerto Rican, Uruguayan)
5. <u>Are you</u> American? (Is he, Is she, Is it, Are they)

VOCABULARY

Spain .... España Spanish .... español

---

[2] No hay contracción cuando la respuesta es corta, afirmativa, tampoco cuando es una pregunta.

CHAPTER 2

THE DURÁN FAMILY AT HOME LA FAMILIA DURÁN EN CASA

Conversation 7 **Conversación 7**

José: Hello? ¿Bueno?
Mother: Hi, José. How are you? Hola José. ¿Cómo está?
José: Fine, Mother. Bien, mamá.
Mother: What are you doing? ¿Qué está haciendo?
José: I'm reading the newspaper, and Elena is writing a letter. Estoy leyendo el periódico, y Elena está escribiendo una carta.

Listen, and repeat each phrase. Escuche, y repita cada frase.

Repetition Exercise **Ejercicio de Repetición**

This is the Durán family:
  José and Elena Durán,
  and their children,
  Brenda and Carlos.

Esta es la familia Durán:
  José y Elena Durán,
  y sus hijos, Brenda y Carlos.

They are relaxing together in the living room. Están descansando juntos en la sala.

Mrs. Durán is writing a letter. La Sra. Durán está escribiendo una carta.

Mr. Durán is reading the newspaper. El Sr. Durán está leyendo el periódico.

Carlos is watching television. Carlos está mirando la televisión.

Brenda is doing her homework. Brenda está haciendo su tarea.

And Gus, the cat, is sleeping. Y Gus, el gato, está durmiendo.

Practice

In English, in complete sentences, answer the questions about the Durán family. *Conteste en inglés y con oraciones completas, las preguntas acerca de la familia Durán.*

1. Where are José, Elena, Brenda, and Carlos?

2. What are they doing?

3. What is Mr. Durán doing?

4. What is Mr. Durán's[3] first name?

5. What's Mrs. Durán doing?

6. What is Brenda doing?

7. What's Carlos doing?

8. What's Gus doing?

Listen to the cassette to check your answers.

(Note that it is correct to use either the noun or the pronoun in the answers.)
(Nota que es correcto usar o el sustantivo o el pronombre en las respuestas.)

---

[3] *Cuando vea un sustantivo que termine con 's, usualmente se trata del posesivo.*
   Por ejemplo: Mrs. Durán's book = *el libro de la Sra. Durán*
                        Brenda's cat   = *el gato de Brenda*

Numbers 20-100

Listen and repeat:

20	twenty		30	thirty
21	twenty-one		40	forty
22	twenty-two		50	fifty
23	twenty-three		60	sixty
24	twenty-four		70	seventy
25	twenty-five		80	eighty
26	twenty-six		90	ninety
27	twenty-seven		100	one hundred
28	twenty-eight		500	five hundred
29	twenty-nine		1,000	one thousand

Listen and repeat: 13-30; 14-40; 15-50; 16-60; 17-70; 18-80; 19-90

Note that the numbers 13 to 19 end in -teen and the accent falls either on the syllable -teen, or on the first syllable. The numbers 20, 30, etc. end in -ty and the accent always falls on the first syllable.

Nótese que los números del 13 al 19 terminan en -teen y se acentúa verbalmente la sílaba -teen o la primera sílaba. Los números 20, 30, etc. terminan en -ty y siempre se acentúa verbalmente la primera sílaba.

Practice

Write the words for spelling practice.
Escriba las palabras para practicar la ortografía.
Example:

20	_twenty_		30	_____
21	_____		40	_____
22	_____		50	_____
23	_____		60	_____
24	_____		70	_____
25	_____		80	_____
26	_____		90	_____
27	_____		100	_____
28	_____		500	_____
29	_____		1,000	_____

José's Family

Conversation 8

María:	Tell me a little about your family, José.
José:	Sure. I'm married, and I have two children. My wife's name is Elena. She's a librarian.
María:	What about your children?
José:	Our daughter's name is Brenda. She is eleven years old, and she's in fifth grade. Our son, Carlos, is in third grade.
María:	How old is he?
José:	He's eight.[4] Tell me about you and your family, María.
María:	Well, I'm single. Most of my family is in Venezuela. I'm living here with my sister, Rosa. We're studying English.

La familia de José

Conversación 8

	Cuéntame algo de tu familia, José.
	Claro. Soy casado y tengo dos hijos. Mi esposa se llama Elena. Es bibliotecaria.
	¿Y tus hijos?
	Nuestra hija se llama Brenda. Tiene once años, y está en el quinto grado. Nuestro hijo Carlos está en el tercer grado.
	¿Cuántos años tiene él?
	Tiene ocho años. Cuéntame de ti y de tu familia, María.
	Bueno, soy soltera. La mayor parte de mi familia está allá en Venezuela, pero estoy viviendo aquí con mi hermana, Rosa. Estamos estudiando inglés.

---

[4] Se emplea el verbo to be (am, is, are) y no el verbo to have con las edades:
✓ correcto: ✓ I am thirty-three years old.
✗ incorrecto: ✗ I have thirty-three years old.

Substitution Practice
1. Tell me about your <u>family</u>. (wife, husband, children)
2. <u>I'm</u> twenty years old. (You're, He's, She's, They're)
3. She's in <u>first</u> grade. (second, third, fourth, fifth, sixth, seventh, eighth, ninth)

Practice
Using complete sentences, answer the questions about José's family.
En frases completas, conteste a las preguntas sobre la familia de José.

1. Is José married?
   _____.

2. How many children does he have?
   _____.

3. How old is his daughter?
   _____.

4. What's his wife's name?
   _____.

5. How old is Carlos?
   _____.

6. What grade is Carlos in?
   _____.

7. Where is María from?
   _____.

8. Who is she living with?
   _____.

 Listen to the cassette to check your answers.

(Note that it is correct to use either the noun or the pronoun in the answers.)

VOCABULARY

husband .... *marido/esposo*	fourth (4th) .... *cuarto (4°)*
single .... *soltero*	fifth (5th) .... *quinto (5°)*
	sixth (6th) .... *sexto (6°)*
first (1st) .... *primero (1°)*	seventh (7th) ..... *séptimo (7°)*
second (2nd) ..... *segundo (2°)*	eighth (8th) ...... *octavo (8°)*
third (3rd) .... *tercero (3°)*	ninth (9th) .... *noveno (9°)*

The Family

Listen and repeat.

Escuche y repita.

husband	*esposo*		brother	*hermano*
wife	*esposa*		sister	*hermana*
father	*padre*		son	*hijo*
mother	*madre*		daughter	*hija*
parents	*padres*		children	*hijos*

José has some photographs of his family. He is showing them to María.
José tiene unas fotos de su familia. Se las está mostrando a María.

1. This is my wife, Elena, with our son, Carlos, and our daughter, Brenda.

2. Here is my sister, Anna, her husband, Robert, and their two children, Linda and Peter.

3. This is Linda, with her parents, and her brother, Peter.

4. This is my mother, and my father.

VOCABULARY

(to) have	*tener*
her	*su(s) (de ella)*
his	*su(s) (de él)*
my	*mi/mis*
our	*nuestro(s)/nuestra(s)*
their	*su(s) (de ellos)*
your	*su(s) (de Ud.), tu(s)*
your	*su(s) (de Uds.)*

Practice

Listen and repeat.

grandfather	*abuelo*	father-in-law	*suegro*
grandmother	*abuela*	mother-in-law	*suegra*
grandparents	*abuelos*		
grandson	*nieto*	son-in-law	*yerno*
granddaughter	*nieta*	daughter-in-law	*nuera*
grandchildren	*nietos*	brother-in-law	*cuñado*
		sister-in-law	*cuñada*
cousin	*primo/prima*		
uncle	*tío*	nephew	*sobrino*
aunt	*tía*	niece	*sobrina*

Practice

Think about your family. Write sentences to introduce your family members.
Considere su familia. Escriba oraciones para presentar a sus miembros.

Example: This is ___Elena___.   ___She is my wife___.

1. This is _____. _____.
2. This is _____. _____.
3. This is _____. _____.
4. This is _____. _____.
5. This is _____. _____.
6. This is _____. _____.
7. This is _____. _____.
8. This is _____. _____.

The Telephone	El teléfono
Conversation 9	**Conversación 9**
Operator: Directory Assistance. What city please?	Telefonista. ¿Qué ciudad desea, por favor?
Elena: Miami.	Miami.
Operator: Yes?	¿Sí?
Elena: I'd like the number for Norwood Elementary School.	Me gustaría obtener el número de Norwood Elementary School.
Operator: Just a moment, please. The number is 865-2830.[5]	Un momento, por favor....El número es 865-2830.
Elena: Thank you.	Gracias.
Operator: You're welcome. Have a good day.	De nada. ¡Qué tenga un buen día!
Elena: You too. Bye.	Ud. también. Hasta luego.

Assignment

To call Directory Assistance, dial **411**. Ask for the phone number of a friend in your city. Try it. (In some areas there may be a charge for 411 calls.)

*Para llamar a Información, marque **411**. Pida el número de un amigo en su propia ciudad. Pruebe y hágalo. (En ciertas áreas es posible que cobren por las llamadas al 411.)*

VOCABULARY

assignment ...... *tarea, asignación*   Bye=Goodbye .... *(la forma corta que se usa mucho)*

---

[5] *Se dice cada número individuamente. Con el 0 es más común decir la letra O ("Ou") que el número cero (zero).*

Conversation 10	**Conversación 10**
Receptionist: Good morning. Norwood Elementary.	Buenos días. Escuela Norwood.
Elena: Hello. This is Elena Durán. I'm calling about my daughter, Brenda.	Hola. Le habla Elena Durán. Estoy llamando acerca de mi hija Brenda.
Receptionist: Yes?	¿Sí?
Elena: She isn't feeling well today, so she isn't going to school.	No se siente bien hoy, así que no irá a la escuela.
Receptionist: Oh, I'm sorry. What class is she in?	Ah, lo siento. ¿En qué grado está ella?
Elena: She's in fifth grade, in Mrs. Hall's class.	Está en quinto, en la clase de la señora Hall.
Receptionist: OK. I'll tell her teacher.	Bueno. Se lo diré a su maestra.
Elena: Thank you.	Gracias.
Receptionist: You're welcome. Bye.	De nada. Hasta luego.
Elena: Bye.	Hasta luego.

Substitution Practice

1. I'm calling about my <u>daughter</u>.   (son, husband, wife)
2. She isn't going <u>to school</u>.   (to work, to class)
3. I'll tell her <u>teacher</u>.   (boss, colleague)

VOCABULARY

boss .... *jefe*   work .... *trabajo*
colleague .... *colega*
'll .... *(contracción del futuro con* will*)*

Conversation 11		Conversación 11	
Elena:	Hello?	¿Dígame?	
Caller:	Hello, Jennifer?	Hola. ¿Jennifer?	
Elena:	I'm sorry. You have the wrong number.	Lo siento. Tiene el número equivocado.	
Caller:	Is this 320-9816?	¿Es éste el 320-9816?	
Elena:	No, it isn't.	No. No lo es.	
Caller:	Oh. I'm sorry.	Ah. Disculpe.	
Elena:	That's OK.	No hay por qué.	
Caller:	Bye.	Adiós.	

Substitution Practice

1. Hello, <u>Jennifer</u>?   (Jeff, Henry, Ellen, Karen)
2. Is this <u>320-9816</u>?   (628-3410, 935-8800, 548-9677)
3. You have the wrong <u>number</u>.   (address, extension, department)

VOCABULARY

caller . . . . llamador (el que llama)   department . . . . . . departamento
                                                        extension . . . . extensión

Study

Certain parts of the verb <u>to be</u> can also form a contraction with the negative word <u>not</u>. When added to a verb, the contraction of the negative word <u>not</u> is -<u>n't</u>.

Ciertas partes del verbo <u>to be</u> forman una contracción con la palabra negativa <u>not</u>. Cuando se añade al verbo, la contracción de la palabra negativa <u>not</u> es -<u>n't</u>.

Example:

is not → isn't   are not → aren't

Note that there is no contraction with <u>am</u> + <u>not</u>.
Note que no se hace la contracción entre <u>am</u> + <u>not</u>.

Practice

Write the contraction with the verb and <u>not</u>:

1. She <u>is not</u> feeling well.   She __isn't__ feeling well.
2. You <u>are not</u> from Cuba.   You _____ from Cuba.
3. He <u>is not</u> my uncle.   He _____ my uncle.
4. We <u>are not</u> sleeping.   We _____ sleeping.
5. I <u>am not</u> happy.   I _____ happy.[6]
6. It <u>is not</u> a new television.   It _____ a new television.
7. They <u>are not</u> cold.   They _____ cold.
8. We <u>are not</u> nurses.   We _____ nurses.

Check your answers below.
Verifique sus respuestas abajo.

Refer to the Grammar Section for other verbs used with this negative contraction.
Refiérase a la Guía breve de gramática inglesa para aprender otros verbos que se usan con esta contracción negativa.

<u>Answers</u>
<u>Respuestas</u>

1) isn't 2) aren't 3) isn't 4) aren't 5) am not 6) isn't 7) aren't 8) aren't

---

[6] Remember that there is no contraction between <u>am</u> + <u>not</u>.
Recuerde que no se hace la contracción entre <u>am</u> + <u>not</u>.

Conversation 12

Elena:	Hello?
James:	Hi. Is José there please?
Elena:	I'm sorry, but he isn't here right now. Could I take a message?
James:	Yes. This is James. Please tell him I'll call back later.
Elena:	OK. I will.
James:	Thank you. Bye.
Elena:	Bye.

Conversación 12

	¿Dígame?
	Hola. ¿Está José, por favor?
	Lo siento, pero no está aquí ahora mismo. ¿Quiere dejar un mensaje?
	Sí. Habla James. Por favor, dígale que llamaré más tarde.
	Bueno, le daré su mensaje.
	Gracias. Adiós.
	Adiós.

```
Jose –
James called.
He will call
back later.
            Elena
```

Conversation 13

Elena:	Hello?
Amanda:	Hello. This is Amanda. Is Brenda there please?
Elena:	Yes. Just a moment please.
	Brenda. It's for you!

Conversación 13

	¿Dígame?
	Hola. Habla Amanda. ¿Está Brenda, por favor?
	Sí. Un momento, por favor.
	Brenda. ¡Es para ti!

Substitution Practice

1. It's for <u>you</u>. (me, us, him, her, them)
2. I'm sorry. <u>He isn't</u> here right now. (she isn't, they aren't, she's not, they're not)
3. Please tell her I'll call back <u>later</u>. (tomorrow, next week)
4. Please tell <u>him</u> I'll call back later. (her, them)

Listen to the three telephone calls on the cassette, then write the three messages that you hear.

Escuche las tres llamadas telefónicas, luego apunte los mensajes que Ud. oye.

1.

2.

3.

VOCABULARY

[for] me ....*[para]* *mí*
    you (sing.) ....*usted, ti*
    him ....*el*
    her ....*ella*

[for] us ....*[para]* *nosotros/as*
    you (pl.) ....*ustedes*
    them ....*ellos/as*

CHAPTER 3   Side 2

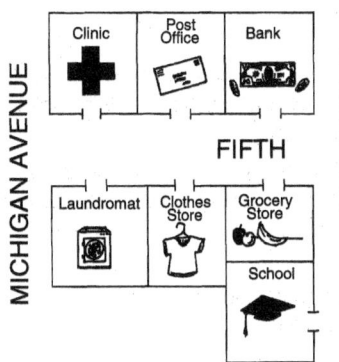

IN THE CITY

Conversation 14

José:	Hi, María. How are you today?
María:	I'm fine. And you?
José:	Fine, thanks. Where are you going?
María:	To the post office.
José:	Oh. I'm going to the bank next to the post office.
María:	Well, let's go together.

EN LA CIUDAD

Conversación 14

José:	Hola María. ¿Cómo estás hoy?
María:	Bien. ¿Y tú?
José:	Bien, gracias. ¿Adónde vas?
María:	Al correo.
José:	Ah. Voy al banco que está al lado del correo.
María:	Pues, ¡vamos juntos!

Substitution Practice

1. Where <u>are you</u> going?
2. <u>I'm</u> going to the post office.
3. I'm going to the <u>post office</u>.
4. I'm going to the bank <u>next to</u> the post office.

(is he, is she, are they)
(We're, He's, She's, They're)
(clinic, bank, library, museum, drugstore)
(across from, in front of, behind, around the corner from)

VOCABULARY

across from	...... *frente de*
around the corner (from)	.... *al doblar la esquina (de)*
behind	.... *detrás de*
clinic	.... *clínica*
clothes store	..... *tienda de ropa*
corner	.... *esquina*
drugstore	.... *farmacia*
grocery store	..... *tienda de abarrotes*
in front of	.... *delante de*
laundromat	...... *lavandería*
library	.... *biblioteca*
movie theater	.... *cine*
museum	.... *museo*

Practice

The Indefinite Article

The words a and an represent the forms of the indefinite article in English. There are no different genders for inanimate nouns. The form of the indefinite article which is used depends on the first sound of the word which follows it.

Las palabras a (un, una) y an (un, una) representan las formas del artículo indeterminado en inglés. No existen diferentes géneros para sustantivos inanimados. La forma del artículo indeterminado que se usa depende del sonido inicial de la palabra que lo sigue.

A precedes a word which starts with a consonant **sound**.
A precede una palabra que empieza con **sonido** de consonante.

An precedes a word which starts with a vowel **sound**.
An precede una palabra que empieza con **sonido** de vocal.

Listen to the examples on the cassette:

a man	un hombre
a red apple	una manzana roja
a star	una estrella
a university	una universidad

an object	un objeto
an English girl	una muchacha inglesa
an uncle	un tío
an honest man[7]	un hombre honesto

In the following phrases, add the correct word: either a or an.

_____ friend	_____ son	_____ letter
_____ address	_____ illustration	_____ question
_____ nice afternoon	_____ evening	_____ hungry student
_____ cousin	_____ aunt	_____ message
_____ movie theater	_____ avenue	_____ office
_____ post office	_____ alphabet	_____ American city
_____ area code	_____ country	_____ grandfather

Listen to the cassette to check your answers.

---

[7] Se usa an porque la h aquí no se pronuncia.

At the Post Office

Conversation 15

Clerk:	May I help you?
María:	Yes, please. I'd like three fifty-cent stamps.
Clerk:	Here you are. That is $1.50.
María:	OK. Thank you. Oh - and I'd like to send this letter.
Clerk:	Do you want to send it airmail?
María:	Yes, I do. How much is it?
Clerk:	It's ninety-five cents.

En el correo

Conversación 15

¿Puedo ayudarle?
Sí. Necesito tres estampillas de cincuenta centavos.
Aquí está. Es $1.50.
Bien. Gracias. Oh - y quisiera enviar esta carta.
¿Quiere usted enviarla por correo aéreo?
Sí. ¿Cuánto cuesta?
Son noventa y cinco centavos.

Substitution Practice

1. I'd like <u>a book of stamps</u>.

    (a change of address form, a money order, a post office box, an airmail stamp, an aerogram, an envelope)

2. I want to send it by <u>registered</u> mail.

    (certified, express, regular, first-class, third-class)

VOCABULARY

airmail . . . . *correo aéreo*
change of address
    form . . . . *formulario para
        someter un cambio
        de dirección*
clerk . . . . *dependiente*
(an) envelope . . . . *(un) sobre*
money order . . . . . *giro postal*
post office box . . . . *apartado postal*

29

Practice

Address the envelope to one of your friends. Use José's envelope as an example.
Escriba la dirección de un amigo suyo en el sobre. Utilice el sobre de José como ejemplo.

Mr. José Durán
1310 Robinson Street
Miami, FL 53242

Ms. Gail Harris
1725 N.W. 125th Street, Apt. #23
New York, NY 10016

Conversation 16

José:	Do you want to go to eat?
María:	That sounds like a great idea! Is there a restaurant nearby?
José:	Yes, there's one across from the library.
María:	Are you sure?
José:	Yes. It's between the grocery store and the drugstore.
María:	OK. Let's go. I'm starving!

Conversación 16

¿Quieres ir a comer?	
¡Me parece una idea magnífica! ¿Hay[8] algún restaurante cerca?	
Sí, hay uno frente a la biblioteca.	
¿Estás seguro?	
Sí. Está entre la tienda de abarrotes y la farmacia.	
Bueno. Vamos. ¡Me estoy muriendo de hambre!	

Substitution Practice

1. Is there <u>a restaurant</u> nearby? (a grocery store, a theater, a department store, a hotel, a hospital, a police station)

2. Yes, there's one across from <u>the library</u>. (the museum, the school, the clinic, the bank, the drugstore, the department store, the bakery)

3. There's one <u>across from</u> the library. (next to, around the corner from)

VOCABULARY

around .... *a la vuelta de*	hospital .... *hospital*
bakery .... *panadería*	hotel .... *hotel*
bank .... *banco*	next to .... *al lado de*
between .... *entre*	police station ..... *estación de policía*
corner .... *esquina*	store .... *tienda*
department store .. *almacén*	theater .... *teatro*

[8] *Hay* se puede traducir como <u>there is/are</u> o <u>is/are there</u>.

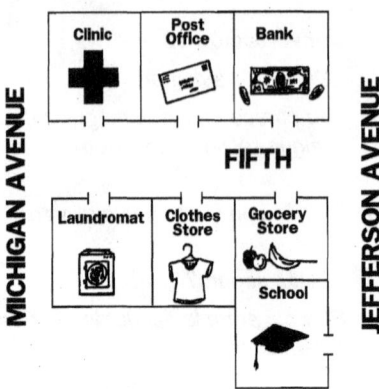
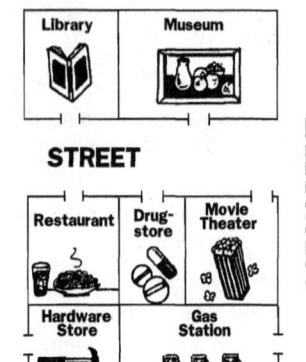

Practice

In complete sentences, answer the questions about the buildings in the map above. Use the phrases: <u>across from</u>; <u>between</u>; <u>around the corner from</u>; and <u>next to</u>.
En frases completas, conteste las preguntas acerca de los edificios del mapa de arriba. Utilice las frases: <u>across from</u>; <u>between</u>; <u>around the corner from</u>; *y* <u>next to</u>.

Example: Is there a clinic nearby?

    Yes, there's a clinic next to the post office.

1. Is there a drugstore nearby?

2. Is there a clinic nearby?

3. Is there a laundromat nearby?

4. Is there a post office nearby?

5. Is there a movie theater nearby?

Conversation 17

A: Excuse me. Could you please tell me how to get to the beach?
B: Sure. Walk two blocks that way.
A: Two blocks?
B: That's right. Just go straight for two blocks and you'll see the ocean.
A: Thanks very much.

Conversación 17

Disculpe. ¿Me podría decir cómo llegar a la playa?
Por supuesto. Camine dos cuadras en esa dirección.
¿Dos cuadras?
Correcto. Simplemente siga derecho dos cuadras y verá el mar.
Muchas gracias.

Conversation 18

A: Excuse me. Is there a drugstore near here?
B: Yes. There's one on Fifth Street, next to the movie theater.
A: On Fifth Street?
B: Yes, between Jefferson Avenue and Ocean Drive.
A: How far is it?
B: Walk two blocks that way. You will see a drugstore on your right. OK?
A: Yes, I understand. Thanks.

Conversación 18

Disculpe. ¿Hay una farmacia cerca de aquí?
Claro, hay una en la calle cinco, al lado del cine.
¿En la calle cinco?
Sí. Entre la Avenida Jefferson y Ocean Drive.
¿A qué distancia está?
Camine dos cuadras hacia allá. Verá la lavandería a su derecha. ¿Entiende bien?
Sí, entiendo. Gracias.

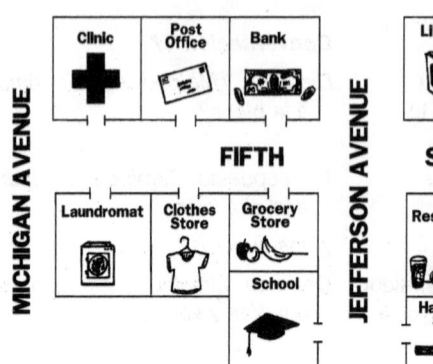
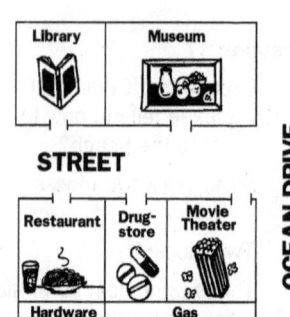

Practice

Imagine you are at Fifth Street and Michigan Avenue on the map, facing Ocean Drive. Use the map and give directions to the following places.
Imagínese que está en la calle cinco y la Avenida Michigan de este mapa, cara a Ocean Drive. Utilice el mapa y dé direcciones a los sitios siguientes.

Example: a school _Walk one block that way, then turn right._
You will see the school on the right.

1. a movie theater _____

2. a drugstore _____

3. a gas station _____

4. a hardware store _____

VOCABULARY

gas station .... *gasolinera*   hardware store ... *ferretería*
(to) give .... *dar*

Practice: Singular and Plural

Change these sentences from singular to plural. Follow the example.
Cambie estas frases del singular al plural. Siga el ejemplo.

Example:
1. There is a gas station.   __There are two gas stations__.
2. There is a clinic.   _____.
3. There is a restaurant.   _____.
4. There is a bank.   _____.
5. There is a drugstore.   _____.

Listen to the cassette to check your answers.

Assignment

Think about your neighborhood, your place of work, or your school. Write a short paragraph describing it. Use <u>there is/there are</u>, <u>next to</u>, <u>between</u>, <u>across from</u>, and <u>around the corner from</u>. Begin with a general sentence, and then briefly give some specific details.

Piense en el vecindario de su casa, de su trabajo, o de su escuela. Escriba un párrafo en el que lo describa. Utilice <u>there is/there are</u> *(<u>hay</u>),* <u>next to</u>, <u>between</u>, <u>across from</u>, *and* <u>around the corner from</u>. *Comience con una oración general y luego, brevemente, dé algunos detalles específicos.*

On the City Bus

Conversation 19

Elena:	Does this bus go to the shopping mall?	
Driver:	Yes, it does.	
Elena:	Oh good! How much is the fare?	
Driver:	It's $1.25.	
Elena:	OK. Thank you.	

José:	Does this bus go to the airport?	
Driver:	No, it doesn't.	
José:	Which one goes to the airport?	
Driver:	The number 32 bus.	
José:	Where do I get it?	
Driver:	At the stop on the corner.	
José:	All right. Thank you.	

Elena:	Good morning. I need a transfer please.	
Driver:	OK. That will be seventy-five cents more.	
Elena:	Here you are.	
Driver:	Thank you.	

En el autobús urbano

Conversación 19

¿Este autobús va al centro comercial?	
Sí, va allá.	
¡Qué bueno! ¿Cuánto es el pasaje?	
Es $1.25.	
Bueno. Gracias.	

¿Este autobús va al aeropuerto?	
No, no va.	
¿Cuál va al aeropuerto?	
El autobús número 32.	
¿Dónde puedo cogerlo?	
En la parada de la esquina.	
Bien. Gracias.	

Buenos días. Necesito una solicitud de transbordo por favor.	
Bueno. Serán setenta y cinco centavos más.	
Aquí tiene.	
Gracias.	

Assignment

Contact the Transit Authority in your city and request a bus route map and schedule. Practice these conversations using real routes and stops in your area.

Comuníquese con la Oficina de Transportes Urbanos de su ciudad y solicite un mapa y el horario de las rutas locales. Practique estas conversaciones usando rutas y paradas de su región.

CHAPTER 4

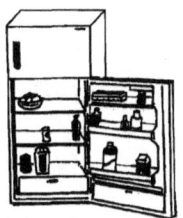

LET'S GO SHOPPING!

Conversation 20

Elena: We need a lot of groceries. I have to go to the supermarket. Do you want to come?

Carlos: Sure! What do we need?

Elena: We need some[9] milk, some eggs, food for your lunches next week, and something for dinner tonight.

Carlos: OK. Let's go!

¡VAMOS DE COMPRAS!

Conversación 20

Necesitamos muchos alimentos. Tengo que ir al supermercado. ¿Quieres venir?

¡Claro! ¿Qué nos hace falta?

Necesitamos leche, huevos, alimentos para los almuerzos de la próxima semana, y algo para la cena de esta noche.

Bien. ¡Vamos!

Substitution Practice

1) We need <u>a lot of groceries</u>. (fruit, some fruit, vegetables, some vegetables, meat, some meat)

2) I have to go <u>to the store</u>. (to the station, to the park, to the library)

3) Let's go <u>home</u>. (downtown, outside, inside, someplace else)

VOCABULARY

downtown .... *el centro*
                 (de la ciudad)
food .... *comida*
fruit .... *fruta*
inside .... *adentro*

meat .... *carne*
outside .... *afuera*
station .... *estación*
someplace else ... *en otro lugar*
vegetable .... *vegetal, verdura*

---

[9] Se emplea <u>some</u> con nombres contables y no contables cuando hablamos de una cantidad indeterminada.

Vocabulary at the Grocery Store

Listen and repeat.

MEATS, POULTRY, SEAFOOD:		poultry	aves
bacon	tocino	ribs	costillas
beef	carne de res	roast	carne para asar
chicken	pollo	sausage	salchicha/embutido/chorizo
crab	cangrejo	seafood	mariscos
fish	pescado	shrimp	camarón
ground beef	carne molida	steak	bistec
ham	jamón	tuna	atún
hot dogs	perros calientes	turkey	pavo
pork chops	chuletas de cerdo		

MEATS, POULTRY, SEAFOOD

Fill in the blank below each picture.
Llene la línea en blanco debajo de cada dibujo.

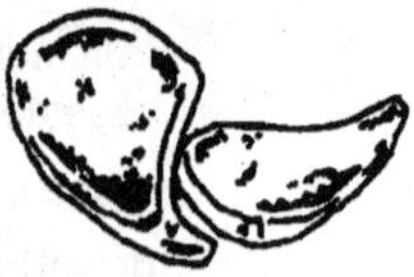

Listen and repeat.

VEGETABLES:		
beans	habas/frijoles/judías	
broccoli	brécol/bróculi	
cabbage	col/repollo	
carrot	zanahoria	
cauliflower	coliflor	
celery	apio	
corn	maíz	
cucumber	pepino	
green pepper	pimiento verde	
lettuce	lechuga	
mushroom	hongo	
onion	cebolla	
peas	guisantes/chícharos	
potato	papa	
string beans	judías verdes/habichuelas verdes	
tomato	tomate	
zucchini	calabacín	
FRUITS:		
apple	manzana	
banana	plátano	
grapes	uvas	
lemon	limón	
lime	lima	
orange	naranja	
peach	durazno/melocotón	
pear	pera	
raisins	pasas	
strawberry	fresa	

VEGETABLES

Fill in the blank below each picture.

FRUITS

OTHER GROCERIES:			
bread	*pan*	rice	*arroz*
butter	*mantequilla*	spices	*especies*
cereal	*cereal*	SNACKS:	*tentempiés/bocadillos*
cheese	*queso*	cake	*torta/pastel*
coffee	*café*	cookie	*galletica dulce*
egg	*huevo*	cracker	*galleta de sal*
flour	*harina*	doughnut	*rosquilla/rosca*
juice	*jugo*	ice cream	*helado*
ketchup	*catsup*	potato chips	*papitas fritas/saladas*
milk	*leche*	soda	*refresco gaseoso*
mustard	*mostaza*	sugar	*azúcar*
pizza	*pizza*	treats	*dulces*
		yogurt	*yogurt*

OTHER GROCERIES:

Fill in the blank below each picture.

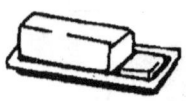   

SNACKS:

Conversation 21

Carlos: Mom, can we get some ice cream?
Elena: No. We don't need any[10] ice cream.
Carlos: Yes we do! There isn't any in the freezer. I'm sure. Please Mom!
Elena: Oh, all right. What flavor do you want?
Carlos: I like mint-chocolate-chip. It's delicious!

Conversación 21

Mamá, ¿podemos comprar helados?
No, no necesitamos helados.
¡Sí, necesitamos! No hay en el congelador. Estoy seguro. ¡Por favor, mamí!
Bueno. ¿Qué sabor quieres?
Me gusta menta con chocolate. ¡Es delicioso!

Practice - isn't any/aren't any.

Refer to the Grammar Section before doing this exercise.
Refiérase a la Guía de gramática inglesa antes de hacer este ejercicio.
Put the words in the box below in the appropriate category.
Ponga las palabras del cuadro en la categoría debida.

lettuce potatoes apples hot dogs onions cabbage ham cheese eggs carrots flour rice grapes tuna tomatoes bread coffee yogurt oranges chicken butter lemons ice cream mushrooms celery bacon cookies

There isn't any...	There aren't any...
lettuce	potatoes

 Listen to the cassette to check your answers.

---

[10] Se usa *any* cuando la oración es negativa (not any). Para más explicación, refiérase a la sección de gramática.

41

Conversation 22

Elena: Excuse me. Where is the soap?
Clerk: It's in aisle twelve.
Elena: And where is the cheese?
Clerk: It's in the dairy section, in aisle four.
Elena: Thank you.

Conversación 22

Disculpe. ¿Dónde está el jabón?
Está en el pasillo doce.
Y ¿dónde está el queso?
Está en la sección de productos lácteos, en el pasillo cuatro.
Gracias.

Substitution Practice

1. Excuse me. Where is the <u>soap</u>? (toothpaste, shampoo, laundry detergent)
2. It's in aisle <u>twelve</u>. (fifteen, eleven, nine, six, fourteen)
3. It's in the <u>dairy</u> section. (produce, meat, bakery)

VOCABULARY

clerk . . . . *dependiente*
detergent . . . . *detergente*
laundry . . . . *ropa para lavar*
produce . . . . *frutas y hortalizas*
shampoo . . . . *champú*
toothpaste . . . . *dentífrico*

Conversation 23

Carlos: Let's get some juice!
Elena: All right. How about this one?
Carlos: No. I like that kind.
Elena: That one's more expensive.
Carlos: But it's better!
Elena: No. This time we'll get this one. It's on sale, so it costs less.
Carlos: Oh, OK.

Conversación 23

¡Compremos jugo!
Bien. ¿Qué te parece éste?
No. Me gusta aquél.
Ése es más caro.
¡Pero es mejor!
Pues, esta vez compraremos este. Está rebajado, así que cuesta menos.
Oh, bueno.

Substitution Practice

1. That one's more <u>expensive</u>. (important, useful, interesting)
2. It costs <u>less</u>. (more)

Assignment

In English, make a shopping list you can really use. When you go to the supermarket, read signs to check your spelling, and compare prices. If you cannot find something, ask for help.

En inglés, haga una lista de compras que pueda usar en realidad. Cuando vaya al supermercado, lea los letreros para verificar la ortografía y compare los precios. Si no encuentra algo, pida ayuda.

VOCABULARY

important . . . . *importante*
interesting . . . . *interesante*
less . . . . *menos*

more . . . . *más*
useful . . . . *útil*

Shopping for Clothes

Conversation 24

Brenda: Dad, can you take me to the mall?
José: To the mall? What for?
Brenda: I need a new outfit for school.
José: OK. I guess we do need to buy you a few things for school.
Brenda: Can we go now?
José: All right. Let's go.

Ir a comprar ropa

Conversación 24

¿Papá, me puedes llevar al centro comercial?
¿Al centro? ¿Para qué?
Necesito un traje nuevo para la escuela.
Bueno. Supongo que tenemos que comprarte algunas cosas para la escuela.
¿Podemos ir ahora?
Está bien. Vámonos.

Substitution Practice

1. Can you take me to <u>the mall</u>?   (the store, my friend's house, school, the party)
2. I need a new <u>outfit</u>.   (coat, hat, purse, briefcase, umbrella)
3. We do need to buy you a few <u>things</u>.   (shirts, ties, pairs of socks)

VOCABULARY

briefcase .... *maletín/portafolio*
coat .... *abrigo*
hat .... *sombrero*
house .... *casa*
maybe .... *quizás*
pair .... *par*

party .... *fiesta*
purse .... *bolso (de mujer)*
shirt .... *camisa*
socks .... *calcetines*
tie .... *corbata*
umbrella .... *paraguas*

At the Clothing Store

Conversation 25

Brenda: I really like this dress. Do you like it?
José: Yes, but it doesn't fit you.
Brenda: What's wrong?
José: It's too big. Why don't you try on a smaller size?

Later...

Brenda: How about this?
José: That's much better. It looks nice with those shoes.
Brenda: Can we get it?
José: I think so.

Substitution Practice

1. I really like this <u>dress</u>.   (skirt, blouse, jacket)
2. It's too <u>big</u>.   (small, short, long, loose)
3. That's much <u>better</u>.   (bigger, shorter, longer, smaller)
4. It looks <u>nice</u> with those shoes.   (perfect, great, pretty)

En la tienda de ropa

Conversación 25

Brenda: De verdad me gusta este vestido. ¿Te gusta?
José: Sí, pero no te queda.
Brenda: ¿Cuál es el problema?
José: Es demasiado grande. ¿Por qué no te pruebas una talla más pequeña?

Más tarde...

Brenda: ¿Qué tal éste?
José: Está mucho mejor. Luce bien con esos zapatos.
Brenda: Lo podemos comprar?
José: Creo que sí.

VOCABULARY

bigger . . . . más grande
blouse . . . . blusa
(to) fit . . . . quedar, entallar
great . . . . fantástico
jacket . . . . chaqueta
long . . . . largo
longer . . . . más largo

loose . . . . ancho
perfect . . . . perfecto
pretty . . . . bonito
short . . . . corto
shorter . . . . más corto
small . . . . pequeño
smaller . . . . más pequeño

Clothing Vocabulary

Listen and repeat:
1. jacket, shirt, watch, pants, belt, socks, shoes
2. earrings, necklace, bracelet, blouse, skirt, pantyhose

Practice

Use the vocabulary above to label the illustrations.
Utilice el vocabulario anterior para escribir los nombres de las prendas al lado de los dibujos.

VOCABULARY

belt .... *cinturón*	pants .... *pantalones*
bracelet .... *pulsera/brazalete*	pantyhose .... *medias de nylon*
clothing .... *prendas/ropas*	shoes .... *zapatos*
earring .... *arete, pendiente*	skirt .... *falda*
necklace .... *collar*	watch .... *reloj de pulsera*

More Clothing Vocabulary

Listen and repeat:

1. hat, suit, tie, briefcase, bag
2. raincoat, umbrella, gloves, purse, dress, stockings

Practice

Use the vocabulary above to label the illustrations.

1.
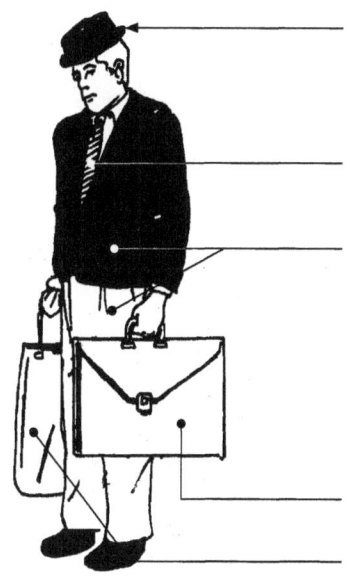

2.

VOCABULARY

bag .... *bolsa*
gloves .... *guantes*
hat .... *sombrero*

raincoat .... *impermeable/gabardina*
stockings .... *medias*
suit .... *traje*

More Clothing Vocabulary

Listen and repeat:

1. scarf, sweater, mittens, boots, jeans

Practice

Use the vocabulary above to label the illustration.

1.

Colors

Listen and repeat.

brown	café	green	verde
red	rojo	blue	azul
pink	rosado	purple	púrpura/morado
orange	anaranjado	black	negro
yellow	amarillo	white	blanco
gold	dorado	silver	plateado
		gray	gris
		dark	oscuro
		light	claro

VOCABULARY

boots	botas	scarf	bufanda/chalina
jeans	jeans	sweater	suéter/jersey
mittens	mitones/confortantes		

48

Adjectives[11]

En español el adjetivo calificativo normalmente viene después del sustantivo. (Los adjetivos posesivos, demostrativos, y numéricos preceden al sustantivo, como en inglés.) En inglés, el adjetivo se antepone al sustantivo:

ESPAÑOL: ...la casa rosada   INGLÉS: ...the pink house

Practice: singular

Write sentences following the example below.
Escriba frases siguiendo el ejemplo abajo.

Example: This jacket is brown. _This is a brown jacket._
Ejemplo: Esta chaqueta es café. Esta es una chaqueta café.

1. This blouse is red. _____.
2. This watch is silver. _____.
3. This sweater is green. _____.
4. This shirt is white. _____.

Practice: plural

Example: These ties are blue. _These are blue ties._
Ejemplo: Estas corbatas son azules. Estas son corbatas azules.

1. These shoes are gray. _____.
2. These socks are pink. _____.
3. These hats are yellow. _____.
4. These earrings are gold. _____.

Listen to the cassette to check your answers.

Hair and Eyes

Substitution Practice

1. He has <u>brown</u> hair.   (black, blond, red, gray, curly, straight)
2. I have <u>blue</u> eyes.   (green, brown, hazel)

VOCABULARY

blond ....rubio   hair ....pelo
curly ....rizado   hazel ....avellana/castaño
eyes ....ojos   straight ....liso
gray ....gris/canoso (también se
               deletrea grey)

---

[11] Véase el resumen de la gramática inglesa.

PLEASE PAY HERE

The Cashier		**El Cajero**	

Conversation 26   **Conversación 26**

Clerk:	May I help you?	¿Le puedo ayudar?
José:	Yes, please. I'd like to buy these items.	Sí, por favor. Quisiera comprar estas cosas.
Clerk:	Cash or charge?	¿En efectivo o con tarjeta de crédito?
José:	Cash, please.	En efectivo, por favor.
Clerk:	All right. That's $67.58 with tax.	Muy bien. Son $67.58 con el impuesto.
José:	Here you are.	Aquí tiene.
Clerk:	Thank you. Your receipt is in the bag. Please come again.	Gracias. Su recibo está en la bolsa. Por favor visítenos de nuevo.
José:	Thank you. We will.	Gracias. Volveremos.

Substitution Practice

1. I'd like to buy <u>these items</u>.   (these pants, these gloves, this, this shirt, this pair of pants)
2. That's $59.68   ($13.54, $20.60, $142.05, $500.72)

Extra Practice with Prices

Listen to the cassette and write the prices that you hear.

1. $15.22   6. _____   11. _____
2. _____   7. _____   12. _____
3. _____   8. _____   13. _____
4. _____   9. _____   14. _____
5. _____   10. _____   15. _____

Answers

1) $15.22 2) $26.70 3) $34.50 4) $68.74 5) $383.74 6) $295.80 7) $999.99 8) $10.08 9) $19.15 10) $19.50 11) $1,000.00 12) $645.00 13) $70.00 14) $17.00 15) $896.34

At the Fast-Food Restaurant

Conversation 27

Brenda: Hey Dad, I'm hungry. Why don't we get something to eat?

José: OK. Here's a QUICKBURGER. What would you like?

Brenda: Let's see. I want a hamburger, french fries, and a milk shake.

Inside...

Clerk: Welcome to QUICKBURGER. How may I help you?

José: I'd like two hamburgers, a large order of french fries, a milk shake, and a cup of coffee.

Clerk: Will there be anything else?

José: No, that's all.

Clerk: Is that for here or to go?

José: For here.

Clerk: That comes to $9.15.

José: Here you are.

Clerk: Thanks. Enjoy your meal.

En el restaurante de comida al instante

Conversación 27

Oye, Papá, tengo hambre. ¿Por qué no buscamos algo para comer?

Bueno. Aquí hay un QUICKBURGER. ¿Qué te gustaría comer?

A ver. Quiero una hamburguesa, papas fritas, y un batido de leche.

Adentro...

Bienvenido a QUICKBURGER. ¿En qué puedo servirles?

Quisiera dos hamburguesas, una porción grande de papas fritas, un batido de leche, y una taza de café.

¿Algo más, señor?

No, eso es todo.

¿Es para comer aquí o para llevar?

Para comer aquí.

El total es $9.15.

Aquí tiene.

Gracias. ¡Buen provecho!

Practice these conversations at a restaurant near you!

CHAPTER 5

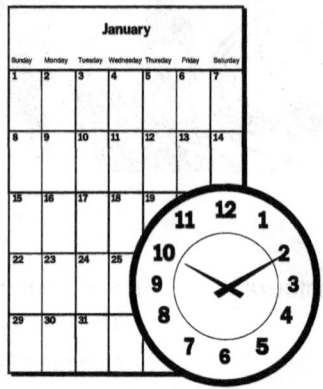

TIME AND DATES

Conversation 28

Brenda: Mom, it's my birthday next week. Can I have a party?

Elena: Of course, if you want.

Brenda: My birthday is on Friday, January sixth. Can I have the party on Saturday?

Elena: Sure. Why not?

Brenda: Great! I can tell all my friends. My birthday party is on the seventh of January. Thanks, Mom.

LA HORA Y LAS FECHAS

Conversación 28

Mamá, la semana que viene es mi cumpleaños. ¿Puedo tener una fiesta?

Claro, si la quieres.

Mi cumpleaños es el viernes seis de enero. ¿Puedo hacer la fiesta el sábado?

Claro. ¿Por qué no?

¡Excelente! Puedo decirles a todos mis amigos. Mi fiesta de cumpleaños es el siete de enero. Gracias, mamá.

Substitution Practice

1. It's on <u>Friday</u>. (Saturday, Sunday, Monday, Tuesday, Wednesday, Thursday)

2. My birthday is in <u>January</u>. (February, March, April, May, June, July, August, September, October, November, December)

The Days of the Week

Sunday	domingo
Monday	lunes
Tuesday	martes
Wednesday	miércoles
Thursday	jueves
Friday	viernes
Saturday	sábado

Note that in English the days of the week and the months of the year always start with a capital letter.
Note que en inglés los días de la semana y los meses del año siempre empiezan con mayúscula.
Write the days of the week in English for spelling practice.
Escriba los días de la semana en inglés para practicar la ortografía.

_____   _____

_____   _____

_____   _____

_____

The Months of the Year

January	April	July	October
February	May	August	November
March	June	September	December

Write the months in English for spelling practice.

_____   _____   _____

_____   _____   _____

_____   _____   _____

_____   _____   _____

Telling Time

When the time is on the exact hour, you usually say <u>o'clock</u>, as in <u>four o'clock</u>.
A la hora en punto se le dice normalmente <u>o'clock</u>.[12] *Por ejemplo,* <u>four o'clock</u>.

Practice

Write the times below using <u>o'clock</u>.

Example: 1.    2.   3.

      <u>6 o'clock</u>   _____   _____

4.    5.    6.

_____   _____   _____

 Listen to the cassette to check your answers.

More Practice with Time

There are other ways of telling the time, but it has become very popular to say the digital time.

Hay otras maneras de describir la hora, pero hoy es muy popular describir la hora numéricamente.

Write the times below in digital form. Example: 7:15.

1.    2.    3.

_____   _____   _____

 Listen to the cassette to check your answers.

---

[12] *Mediodía* = noon; *medianoche* = midnight.

More Practice with Time

Another way to say the time:
Otra manera de decir la hora:

five after	*y cinco*	five of	*menos cinco*
ten after	*y diez*	ten of	*menos diez*
a quarter after	*y cuarto*	a quarter of	*menos cuarto*
twenty after	*y veinte*	twenty of	*menos veinte*
twenty-five after	*y veinticinco*	twenty-five of	*menos veinticinco*
half past	*y media*		

It is acceptable to replace <u>after</u> with <u>past</u> and to replace <u>of</u> with <u>to</u>.
Es admisible reemplacer <u>after</u> con <u>past</u> y reemplacer <u>of</u> con <u>to</u>.

Write the times below using <u>after</u> and <u>of</u>.

Example:

1.    2.    3.

It's ten after six.

4.    5.    6.

7.    8.    9.

Listen to the cassette to check your answers.

This is José and Elena's calendar:

January

Sunday	Monday	Tuesday	Wednesday	Thursday	Friday	Saturday
1	2 HOLIDAY	3	4 Call store for a cake	5	6 Brenda's birthday	7 Brenda's party
8	9 José's English classes start	10	11 José's interview 10:00 a.m.	12	13	14 Shopping to buy clothes for school
15 Visit José's parents	16	17 Visit Carlos' school - 7:00 p.m.	18 Elena hair salon 5:00 p.m.	19	20	21
22	23	24	25 Take Carlos to a movie	26	27	28 Dinner with Robert & Anna
29	30	31				

VOCABULARY

dinner . . . . *comida/cena*
interview . . . . *entrevista*
movie . . . . *película*
(to) visit . . . . *visitar*

Practice with Dates

Listen to the questions, then turn off the cassette to write your answers.
Escuche las preguntas, luego, apague el tocacintas para escribir sus respuestas.

Look at José and Elena's calendar to find the answers to these questions.

Example:
1. When is Brenda's party?
   _Saturday, January 7_____.
2. When is José's interview?
   _____.
3. When is Elena going to the salon?
   _____.
4. When is Carlos going to a movie?
   _____.
5. When is Brenda's birthday?
   _____.
6. When are they visiting José's parents?
   _____.
7. When do José's classes start?
   _____.
8. When are they having dinner with Anna and Robert?
   _____.
9. When are they going shopping for clothes?
   _____.

Now turn off the cassette and write your answers.
Ahora apague el tocacintas y escriba sus respuestas.

 Listen to the cassette to check your answers.

CHAPTER 6

Side 3

MONEY	EL DINERO

Conversation 29 **Conversación 29**

Carlos: Mom, can Brenda and I have some money?
Mamá, ¿Puedes darnos dinero a Brenda y a mí?

Brenda: We want to go to the store to buy some school supplies.
Queremos ir a la tienda para comprar provisiones para las clases.

Elena: OK. Carlos, here's five dollars.
Bueno. Carlos, ten cinco dólares.

Carlos: Thanks, Mom.
Gracias, mamá.

Elena: Here, Brenda, I'll give you four one dollar bills, three quarters, a dime, two nickels, and five pennies. That's five dollars total.
Brenda, te daré cuatro billetes de un dólar, tres monedas de veinticinco, una moneda de diez, dos de cinco, y cinco peniques. Es un total de cinco dólares.

Brenda: Thanks, Mom.
Gracias, mamá.

Carlos: Wow! Look at all those coins! That's a lot of money!
¡Caramba! ¡Mira todas estas monedas! ¡Es mucho dinero!

Elena: Well, be careful, and don't lose it!
¡Entonces tengan cuidado, y no las pierden!

Substitution Practice

1. Don't <u>lose it</u>. (spend it all, waste it)
2. Can I have some <u>money</u>? (soda, milk)

VOCABULARY

(to) spend .... *gastar* (to) waste .... *malgastar*

---

[13] Hay muchas maneras de hablar del dinero. Se puede decir <u>dollars</u> y <u>cents</u>, con los números, o se puede omitir estas palabras. Ejemplo: para $5.10 se puede decir <u>five dollars and ten cents</u> o <u>five ten</u>.

At the Store

Conversation 30

Brenda: I like this pencil. It costs 35¢, and this bag is $3.99. The total will be $4.34.

Carlos: These crayons are $2.20 - and the notebook is $1.75. How much is that altogether?

Brenda: That'll be $3.95.

Carlos: That's less than $5.00, so I'll get some change.

Brenda: Yes, but we have to pay tax, too.

Carlos: Do I have enough money to buy some gum, too?

Brenda: Yes. It only costs a quarter.

Carlos: Great! Let's go and buy them!

En la tienda

Conversación 30

Brenda: *Me gusta este lápiz. Cuesta 35 centavos. Esta bolsa cuesta $3.99. El total será $4.34.*

Carlos: *Estos creyones son $2.20 - y el cuaderno es $1.75. ¿Cuánto es en total?*

Brenda: *Son $3.95.*

Carlos: *Es menos de $5.00, así que tendré cambio.*

Brenda: *Sí, pero tenemos que pagar los impuestos también.*

Carlos: *¿Tengo suficiente dinero para comprar chicle también?*

Brenda: *Sí. Sólo cuesta veinticinco centavos.*

Carlos: *¡Maravilloso! Vamos a comprarlo.*

Substitution Practice

1. That's <u>less than</u> $5.00.   (more than, exactly, about)
2. It only costs a <u>quarter</u>.   (nickel, dime, dollar)

VOCABULARY

about .... *aproximadamente*
exactly .... *exactamente*
more than .... *más de*

At the Bank

Conversation 31

José:	We'd like to get some information about checking accounts.
Bank Officer:	Of course. What would you like to know?
Elena:	Is there a monthly service charge?
Bank O.:	Well, we have free checking if you maintain a balance of over five hundred dollars. Otherwise there is a ten-dollar service charge per month, and a ten-cent charge per check.
José:	Is an automatic-teller card included?
Bank O.:	Yes, of course.
Elena:	What's the charge for automatic-teller withdrawals?
Bank O.:	At our branches there is no charge. At other banks it's $1.50 per transaction.
José:	I see.
Bank O.:	Would you like to open an account?
José:	Yes, please. We would.

En el banco

Conversación 31

Quisiéramos información sobre las cuentas de cheques.

Por supuesto. ¿Qué desean saber?

¿Hay un recargo mensual por el servicio?

Bueno, tenemos servicio gratuito de cheques si mantiene un saldo de más de quinientos dólares. Si no, Ud. paga un recargo de servicio de diez dólares al mes y un recargo de diez centavos por cheque.

¿Está incluida una tarjeta de cajero automático?

Sí, naturalmente.

¿Cuánto es el recargo por cada retiro con la tarjeta de cajero automático?

En nuestras sucursales no hay recargo. En otros bancos es de $1.50 por operación.

Ya veo.

¿Quisieran abrir una cuenta?

Sí, por favor.

Substitution Practice

1. We'd like to get some information about checking accounts. (make a deposit, cash this check, make a withdrawal, transfer funds, close our account, open a savings account)
2. How much is the minimum balance? (charge per check, charge per withdrawal, charge per transaction)
3. What's the charge for insufficient funds? (a bounced check, traveler's checks, a money order, a cashier's check, new checks)

VOCABULARY

bounced check ... *cheque al descubierto*
(to) cash .... *convertir en efectivo*
cashier's check ... *cheque de caja*
(to) close .... *cerrar*
(a) deposit .... *depósito*
(to) deposit/to .... *depositar*
  make a deposit
funds .... *fondos*
money order ..... *giro postal*

per .... *por*
savings account .. *cuenta de ahorros*
(to) transfer ...... *trasladar, transferir*
traveler's check ... *cheque de viajeros*
(to) withdraw/to ... *retirar/sacar (retiró)*
  make a withdrawal
  (withdrew)
withdrawal .... *retiro*

Practice

If you don't have a checking account, you can buy a money order at the bank or the post office.
Si Ud. no tiene una cuenta de cheques, puede comprar un giro al banco o en el correo.

Money Order

José pays the school for English classes.
José paga al colegio las clases de inglés.

UNITED STATES POSTAL MONEY ORDER		
877361276544 930504		U.S. DOLLARS AND CENTS
PAY TO English College		**125.00**
ADDRESS Seventh Avenue	FROM José Durán	
Miami, FL	ADDRESS 1310 Robinson St.	
C O D NO. OR USED FOR	Miami, FL	

Fill in this money order for a bill you need to pay.
Llene este giro postal para pagar una cuenta.

UNITED STATES POSTAL MONEY ORDER		
877361276544 930504		U.S. DOLLARS AND CENTS
PAY TO		
ADDRESS	FROM	
	ADDRESS	
C O D NO. OR USED FOR		

Practice

Writing a Check

Elena has some bills to pay. She writes a check to the electric company.

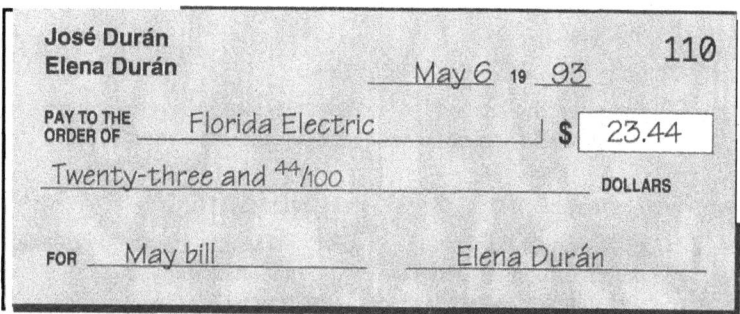

Write a practice check to your electric company.

Writing a check

Listen and repeat

VOCABULARY (recorded)
memo . . . . *nota/anotación*
(to) pay . . . . *pagar*

signature . . . . *firma*
to the order of . . . . *a nombre de*

Conversation 32

Elena: José, could you show me how to use the automatic-teller machine?
José: Sure. Insert the bank card this way.
Elena: Yes.
José: Then enter the secret PIN number. Do you remember it?
Elena: Of course.
José: OK. Now push the "enter" button, and then indicate the amount you want to withdraw.
Elena: Great. I think I've got the idea.
José: Don't forget the card and the receipt!

Conversación 32

José, ¿podría mostrarme cómo usar el cajero automático?
¡Claro! Mete así la tarjeta.
Bien.
Después marca nuestro número secreto PIN. ¿Lo recuerdas?
Por supuesto.
Bien. Ahora aprieta el botón "enter," y luego indica la cantidad que quieres retirar.
Fabuloso. Creo que ya lo tengo.
¡No olvides la tarjeta y el recibo!

Practice

Put these sentences in the correct order.

- Enter the PIN number.
- Take your card and receipt.
- Indicate the amount of withdrawal.
- Take your cash.
- Put the card in the slot.
- Push the "enter" button.

1. _____
2. _____
3. _____
4. _____
5. _____
6. _____

Listen to the cassette to check your answers.

VOCABULARY

cash .... *dinero en efectivo*
(to) forget .... *olvidar*
PIN (personal identification number) .... *(número de identificación personal)*

(to) remember .... *recordar/acordarse de*
slot .... *abertura/ranura*

CHAPTER 7

EMPLOYMENT

Conversation 33

José: Elena, I'd like to introduce you to my classmate, María.

Elena: Hello, María. Nice to meet you.

María: You too.

José: This is my daughter, Brenda, and my son, Carlos.

María: Hi there!

Brenda & Carlos: Hi!

EL EMPLEO

Conversación 33

Elena, quiero presentarte a mi compañera de clase, María.

Hola, María. Mucho gusto en conocerte.

Igualmente.

Ésta es mi hija Brenda, y mi hijo Carlos.

¡Hola!

¡Hola!

Conversation 34

María: José told me that you're a librarian, Elena. Where do you work?
Elena: I work at the downtown library. What do you do?
María: I'm a nurse's assistant. I work in a hospital. In Venezuela I was a nurse, but I need to improve my English so I can get a nursing license here in the U.S.
José: Is the test difficult?
María: Yes, it is!

Conversación 34

Elena, José me dijo que eres bibliotecaria. ¿Dónde trabajas?
Trabajo en la biblioteca del centro. ¿Qué haces tú?
Soy asistente de enfermera. Trabajo en un hospital. En Venezuela era enfermera, pero necesito mejorar mi inglés para que pueda sacar la licencia de enfermera aquí en los EE. UU.
¿Es difícil el examen?
¡Sí, lo es!

Substitution Practice

1. I'm a <u>nurse's assistant</u>.   (librarian, receptionist, secretary, security guard, driver, teacher, gardener, cook)

2. I work in <u>a hospital</u>.   (a library, a hotel, an office, a store, a factory, a school, a garden, a restaurant)

VOCABULARY

cook .... cocinero
driver .... chofer
factory .... fábrica
garden .... jardín

gardener .... jardinero
office .... oficina
receptionist ...... recepcionista
security guard .... guardia de seguridad

Conversation 35

María:	Are you working, José?
José:	No. Actually, I'm looking for a job.
María:	What kind of job?
José:	I'm not sure. In Mexico I was a managing chef, but my English isn't good enough for that job here.
María:	Why don't you look in the classified section of the newspaper?
José:	Great! I will.
María:	Do you have your social security number[14] yet?
José:	No. I'm going to the social security office this week.

Conversación 35

	¿Estás trabajando, José?
	No. En realidad estoy buscando empleo.
	¿Qué clase de trabajo?
	No estoy seguro. En México era jefe de cocina, pero mi inglés no es suficientemente bueno para ese trabajo, aquí.
	¿Por qué no miras en la sección de anuncios clasificados, del periódico?
	¡Fantástico! Así lo haré.
	¿Ya tienes número de seguridad social?
	No. Voy a la oficina de seguridad social esta semana.

Substitution Practice

1. I'm looking for a job.   (He's, She's, We're, They're)
2. What kind of job?   (work, ad)

VOCABULARY

ad (= advertisement) .... anuncio

---

[14] *Véase la* **Guía breve para los servicios del gobierno.** *Ud. necesita un número de seguridad social para poder trabajar.*

Practice

Look at this classified section. What job would interest José? What job interests you?
Mire esta sección de anuncios clasificados. ¿Cuál empleo le interesaría a José? ¿Cuál le interesa a usted?

CLASSIFIED SECTION

Help Wanted

Bartender: Downtown club. 5 nights a week. Experience preferred. Call Mick 713-4950	**Cleaning staff:** Evenings, downtown offices. Good salary + benefits. 647-5932
Beautician: Busy hair salon requires beauticians, stylists, manicurists. Call Jeff 769-3223	**Drivers/Couriers:** Motorcycles, vans. Flexible hours. Must know local area. Apply in person, 9am-4pm, 1422 79th Street.
Bus boy: Local hotel restaurant. No experience necessary. Non-smoker only. Call 649-2856	**Gardener:** For park. 35 hours a week. Must have gardening experience. Call 596-8635
Cashier: For grocery store. Must be good with numbers. References required. 379-6584	**Nanny:** Experienced responsible non-smoker to care for 2-year-old boy. References required. Call 630-7676
Cook: Evenings and weekends for Mexican restaurant. 2 years experience required. Call Jackie 214-528-7984	**Security Guard:** Clothes store. Training and uniforms provided. Start immediately. 489-7312

VOCABULARY (recorded)

area . . . . *zona*	motorcycle . . . . *motocicleta*
bartender . . . . *cantinero*	must . . . . *debe, tiene que*
beautician . . . . *esteticista*	nanny . . . . *niñera*
benefits . . . . *benificios*	non-smoker . . . . . . *no fumador*
bus boy . . . . *ayudante de mesero*	(in) person . . . . *personalmente*
(to) care (for) . . . . . *cuidar*	(to) prefer . . . . *preferir*
cashier . . . . *cajero*	(to) provide . . . . . . *proveer*
cleaning staff . . . . . *persona de limpieza*	reference . . . . *referencia*
	(to) require . . . . *requerir*
experience . . . . *experiencia*	salary . . . . *sueldo*
help wanted . . . . . . *se necesita*	salon . . . . *salón (de belleza)*
(to) know . . . . *conocer*	stylist . . . . *peluquero*
manicurist . . . . *manicurista*	training . . . . *entrenamiento*
	van . . . . *camioneta/vagoneta*

Practice

Match the following job title with the place of work.
Empareje el siguiente empleo y el lugar donde la persona trabaja.

| teacher | chef | secretary | receptionist |
| librarian | pilot | cashier | postal clerk |

office   _____

library   _____

hotel   _____

store   _____

restaurant   _____

school   _____

post office   _____

airport   _____

 Listen to the cassette to check your answers.

Study the vocabulary below.
Estudie el vocabulario abajo.

VOCABULARY (recorded)

accountant . . . . *contador*
administrator . . . . . *administrador*
architect . . . . *arquitecto*
assembler . . . . *montador/armador*
assistant . . . . *asistente*
bookkeeper . . . . . . *tenedor de libros*
carpenter . . . . *carpintero*
computer . . . . *programador de*
   programmer   *computadoras*
custodian/janitor . . *encargado*
data processor . . . *procesador de datos*
dentist . . . . *dentista*
designer . . . . *diseñador*
dishwasher . . . . . . *friegaplatos*
doctor . . . . *médico*
electrician . . . . *electricista*
file clerk . . . . *archivador*
fireman/firewoman *bombero*
flight attendant . . . *asistente de vuelo*
foreman . . . . *capataz*

handyman . . . . *reparalotodo/factótum*
hotel front- . . . . *empleado de recepción*
   desk clerk
housekeeper . . . . . *ama de llaves*
interpreter . . . . *intérprete*
janitor . . . . *conserje/portero*
lawyer . . . . *abogado*
mail carrier . . . . *cartero*
manager . . . . *gerente*
mechanic . . . . *mecánico*
model . . . . *modelo*
optician . . . . *óptica*
painter . . . . *pintor*
plumber . . . . *plomero/fontanero*
policeman/ . . . . *policía*
   policewoman
roofer . . . . *techador*
salesperson . . . . . . *vendedor*
translator . . . . *traductor*
travel agent . . . . . . *agente de viajes*
waiter/waitress . . . *mesero/mesera*

Practice

In English, the indefinite article is used with occupations.
En inglés se usa el artículo indefinido con las ocupaciones.

✓ *correcto:*   ✓ I am <u>a</u> pilot.   ✓ I am <u>an</u> actor.
✗ *incorrecto:*   ✗ I am pilot.   ✗ I am actor.

Write sentences about you and your friends. Remember to use <u>a</u> or <u>an</u>. Follow the example.

Example:

I am _____an English teacher_____.
I was _____a manager_____.
I want to be ____a bookkeeper_____.

Write about you:

I am _____.
I was _____.
I want to be _____.

Write about a friend (a man):

He is _____.
He was _____.
He wants to be _____.

Write about a friend (a woman):

She is _____.
She was _____.
She wants to be _____.

Assignment

Check the classified ads in your local newspaper. Look in the employment section. Which jobs could you apply for? List the job title, and the location.

Looking for a Job

Conversation 36

Secretary: Personnel Office,[15] Margarita's Restaurant. May I help you?

José: I'm calling about your ad in the paper for a cook. How do I apply?

Secretary: Do you have any experience?

José: Yes. I was a chef in Mexico.

Secretary: Can you come for an interview on Wednesday morning at 10:00?

José: Yes. That will be fine.

Secretary: What's your name, please?

José: José Durán.

Secretary: All right, Mr. Durán. We're at 9842 Biscayne Boulevard. We'll see you on Wednesday at 10:00 a.m. Please bring your résumé.

José: Thank you, I will. Goodbye.

Buscando empleo

Conversación 36

Oficina de empleo, Margarita's Restaurant. ¿Le puedo ayudar?

Estoy llamando acerca del anuncio del periódico sobre un cocinero. ¿Cómo puedo solicitar?

¿Tiene experiencia?

Sí. Era jefe de cocina en México.

¿Puede venir para una entrevista el miércoles por la mañana a las 10:00?

Sí. Está bien.

¿Cómo se llama Ud., por favor?

José Durán.

Está bien, Sr. Durán. Estamos en el Boulevard Biscayne, n⁰ 9842. Nos veremos el miércoles a las 10 de la mañana. Favor traiga su currículum vitae.

Gracias, lo traeré. Hasta luego.

Substitution Practice

1. Do you have <u>any experience</u>? (a car, references, a résumé)
2. We'll see you at <u>10:00</u>. (11:00, noon, 1:00)

VOCABULARY

car . . . . carro/coche
noon . . . . mediodía

references . . . . referencias

---

[15] *También se llama* (Office of) Human Resources.

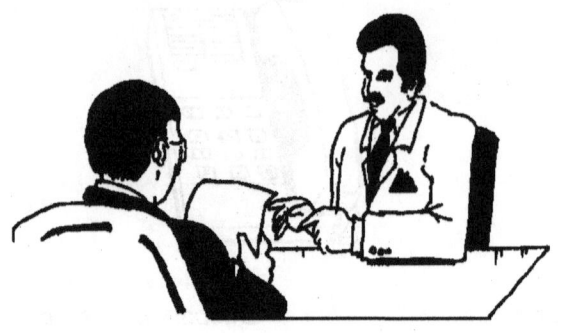

The Interview

Conversation 37

José:	Good morning Mr. Sánchez. I'm José Durán.
Mr. Sánchez:	Hello, José. Please have a seat. I understand that you are a chef.
José:	Yes. I worked for fifteen years as a chef in Mexico.
Mr. Sánchez:	I see. Are you currently employed?
José:	No. I am taking English classes during the day, so I'd like to work at night.
Mr. Sánchez:	In the evenings we are very busy.
José:	That's no problem. I learn quickly.
Mr. Sánchez:	Could you work Monday through Saturday, from 5 to 10 p.m.?
José:	That would be fine.
Mr. Sánchez:	We offer a good salary and excellent benefits. Please fill out this application.

La Entrevista

Conversación 37

José:	Buenos días Sr. Sánchez. Soy José Durán.
Mr. Sánchez:	Hola, José. Siéntese, por favor. Entiendo que Ud. es cocinero.
José:	Sí. Trabajé por quince años como jefe de cocina en México.
Mr. Sánchez:	Ya veo. ¿Está empleado en este momento?
José:	No. Estoy tomando clases de inglés durante el día, así que me gustaría trabajar por la noche.
Mr. Sánchez:	Por las noches estamos muy ocupados.
José:	No hay problema. Aprendo rápidamente.
Mr. Sánchez:	¿Podría trabajar de lunes a sábado, de 5 a 10 de la noche?
José:	Está bien.
Mr. Sánchez:	Ofrecemos un sueldo bueno y benificios excelentes. Por favor, llene esta solicitud.

Practice

Fill out this employment application form.

EMPLOYMENT APPLICATION

Position desired: _____

Name: _____

Address: _____

_____

Date available: _____ Home telephone #:[16] _____

Social Security#: _____ Marital status: Single ☐ Married ☐

Widowed ☐ Divorced ☐

List your recent job history:

Dates	Employer's name	Position
Reason for leaving		
Dates	Employer's name	Position
Reason for leaving		

List your hobbies:

Signature: _____ Today's date: _____

VOCABULARY (recorded)

applicant	.... candidato	(to) leave	.... irse
available	.... disponible	reason	.... razón
desired	.... deseado	recent	.... reciente
divorced	.... divorciado	status	.... estado
hobbies	.... pasatiempos	widowed	.... enviudado

[16] # = number/número

A New Job

Conversation 38

José:	Excuse me, where is the time clock?	
Cindy:	It's down the hall, next to the restrooms.	
José:	Thank you.	
Cindy:	Are you new here?	
José:	Yes. I'm the new cook. My name is José.	
Cindy:	I'm Cindy. I'm one of the waitresses. Welcome to Margarita's.	
José:	Thank you.	

Un empleo nuevo

Conversación 38

José: Discúlpame. ¿Dónde está el reloj registrador?
Cindy: Está al final del pasillo, al lado de los servicios.
José: Gracias.
Cindy: ¿Es Ud. nuevo aquí?
José: Sí. Soy el nuevo cocinero. Me llamo José.
Cindy: Y yo Cindy. Soy una de las meseras. Bienvenido a Margarita's.
José: Gracias.

Substitution Practice

1. Excuse me, where is the <u>time clock</u>? (supply room, employee lounge, soda machine, restroom, bathroom)
2. It's <u>down the hall</u>. (next to the restrooms, in the basement, over there, on the second floor)
3. I'm the new <u>cook</u>. (dishwasher, cashier, waiter, bartender)

VOCABULARY

basement .... sótano	(2nd) floor .... (2°) piso
bathroom .... baño/servicio	restroom .... baño/servicio
cashier .... cajera	soda machine .... máquina de refrescos
employee lounge .. salón de recreo para empleados	supply room ...... bodega de provisiones

Working at the Office

Conversation 39

Elena: Excuse me, Steve. Could you help me for a minute?
Steve: Sure. What do you need?
Elena: Can you show me how to make two copies of this letter?
Steve: Of course. First lift the lid and put the letter face down on the glass.
Elena: OK.
Steve: Then, close the cover and push the start button. OK?
Elena: Yes, thank you very much.

Trabajando en la oficina

Conversación 39

Discúlpame, Steve. ¿Me podrías ayudar un momento?
Por supuesto. ¿Qué necesitas?
¿Me puedes mostrar cómo hacer dos copias de esta carta?
Claro. Primero, levanta la cubierta y pon la carta boca abajo sobre el cristal.
Bien.
Después, baja la cubierta y toca el botón de activación. ¿Entendiste?
Sí, muchas gracias.

Substitution Practice

1. Can you show me how to use the <u>copy machine</u>?
2. First, <u>lift the cover</u>.
3. Then, <u>close the cover</u>.

(cash register, typewriter, computer, machine)
(press the button, put in some paper, turn this switch, turn it on)
(open the drawer, put in the disc, hit the return key, move it this way, turn it off)

VOCABULARY

button .... *botón*	(to) open .... *abrir*
cash register ..... *caja registradora*	paper .... *papel*
computer .... *computadora*	(to) press .... *empujar/apretar/tocar*
copy machine .... *fotocopiadora*	(to) push .... *empujar/tocar*
disc/disk .... *disquete/disco*	(to) put in .... *introducir*
drawer .... *cajón/gaveta*	return key ...... *tecla de retorno*
(to) hit .... *golpear, apretar*	(a) switch .... *interruptor*
key .... *tecla/botón*	(to) turn off ...... *apagar*
machine .... *máquina*	(to) turn on ...... *encender*
(to) move .... *mover*	typewriter .... *máquina de escribir*

Monday Morning at Work

Conversation 40

Jim:	Hi, María. Did you have a good weekend?
María:	It was very nice.
Jim:	What did you do?
María:	I went to the beach. How was your weekend?
Jim:	It was OK.
María:	What did you do?
Jim:	Nothing special. I stayed home and wrote some letters.

El lunes por la mañana en el trabajo

Conversación 40

Hola, María. ¿Pasaste un buen fin de semana?

Me fue muy bien.

¿Qué hiciste?

Fui a la playa. ¿Cómo te fue en el fin de semana?

Me fue bastante bien.

¿Qué hiciste tú?

Nada fuera de lo común. Me quedé en casa y escribí algunas cartas.

Substitution Practice

1. It was[17] nice. — (great, wonderful, good, OK, not bad, not so good, terrible)
2. I went to the beach. — (a concert, the mall, my friend's house, the zoo, a party)
3. I stayed home and wrote some letters. — (read a good book, watched TV, cleaned, did some work, studied English)

Assignment

Did *you* have a good weekend? What did *you* do?

Write a brief paragraph about what you did over the weekend.
Escriba un párrafo corto acerca de lo que hizo Ud. en el fin de semana.

VOCABULARY

bad	malo	(to) read	leer
(to) clean	limpiar	terrible	terrible
concert	concierto	wonderful	estupendo/maravilloso

---

[17] *El tiempo pasado simple de los verbos regulares se forma añadiendo la terminación d o ed a la forma básica del verbo. Hay muchos verbos que son irregulares en el pasado. Consulte el apéndice para ver una lista de los más comunes.*

CHAPTER 8

A NEW HOME

Conversation 41

José:	Elena, we really should look for a new apartment.
Elena:	Why do you say that?
José:	We need a place that's closer to my new job and the children's school.
Elena:	I guess you're right.
José:	I noticed an apartment for rent two blocks from the elementary school.
Elena:	Did you write down the telephone number?
José:	Yes, I did.
Elena:	Well, why not call?
José:	OK, I will.

UN HOGAR NUEVO

Conversación 41

	Elena, la verdad es que debemos buscar un apartamento nuevo.
	¿Por qué dices eso?
	Necesitamos un sitio que esté más cerca de mi nuevo empleo y de la escuela de los niños.
	Supongo que tienes razón.
	Vi que hay un apartamento en alquiler a dos cuadras de la escuela primaria.
	¿Apuntaste el número de teléfono?
	Sí, lo hice.
	Pues, ¿por qué no llamas?
	Está bien. Lo haré.

Substitution Practice

1. We need a place that's closer to <u>my new job</u>.   (the children's school, the library, the hospital, the beach, downtown)
2. I noticed an apartment for rent <u>two blocks from</u> the school.   (one block from, across from, close to)

VOCABULARY

close to .... cerca de

Calling About an Apartment
Conversation 42

Mrs. Turner:	Hello?
José:	Good morning. My name is José Durán. I saw your sign for an apartment. Is it still available?
Mrs. Turner:	Yes, it is.
José:	How many bedrooms does it have?
Mrs. Turner:	It's a three-bedroom apartment with one bathroom.
José:	How much is the rent?
Mrs. Turner:	It's six hundred dollars per month.
José:	Six hundred dollars a month? Does that include utilities?
Mrs. Turner:	Everything except telephone.
José:	Could you describe the apartment?
Mrs. Turner:	Yes. It has three bedrooms, a large living room, a modern kitchen, and one bathroom.
José:	When can we come by to see it?
Mrs. Turner:	How about this afternoon at 12:00?
José:	That's fine.
Mrs. Turner:	See you then.

Llamando para un apartamento
Conversación 42

¡Hola!

Buenos días. Me llamo José Durán. Vi su letrero del apartamento. ¿Está disponible todavía?

Si, lo está.

¿Cuántos dormitorios tiene?

Es un apartamento de tres dormitorios con un baño.

¿Cuánto es el alquiler?

Son seiscientos dólares al mes.

¿Seiscientos dólares el mes? ¿Están incluidos los servicios?

Todo menos el teléfono.

¿Podría Ud. describir el apartamento?

Sí. Tiene tres dormitorios, sala grande, cocina moderna, y un baño.

¿Cuándo podemos ir a verlo?

¿Qué le parece esta tarde a las doce?

Está bien.

Hasta la vista.

At the Apartment

Conversation 43

José: Hello. I'm José Durán, and this is my wife, Elena.

Mrs. Turner: Nice to meet you. I'm Betty Turner. The apartment is this way.

José: Excuse me, I forgot to ask you, are children and pets allowed?

Mrs. Turner: Yes, they are, except for large dogs.

José: Is a security deposit required?

Mrs. Turner: Yes. It's one month's rent.

En el apartamento

Conversación 43

Buenas. Yo soy José Durán, y ella es mi esposa, Elena.

Mucho gusto en conocerles. Soy Betty Turner. El apartamento está por acá.

Mire, olvidé preguntarle, ¿se permiten niños y animales?

Sí, excepto perros grandes.

Se requiere depósito?

Sí. Es el arriendo de un mes.

Substitution Practice

1. It's $600 per month. ($450, $775, $800)
2. Does that include utilities? (electricity, gas, air conditioning, heat, water)
3. It has three bedrooms. (two bedrooms, a large living room, a nice bathroom)
4. It has a modern kitchen. (nice, new, bright, freshly painted, spacious)
5. How about this afternoon at 12:00? (2:15, 4:30, 5:00)

VOCABULARY

air conditioning .. aire acondicionado
bright .... claro, luminoso
freshly painted ... recién pintado
heat .... calefacción
large .... grande
nice .... agradable

pet .... animal doméstico
spacious .... espacioso
utilities .... servicios (agua, electricidad y gas)
water .... agua

Practice

Label the rooms in this house, in English.

Nombre las piezas de esta casa, en inglés.

VOCABULARY (recorded)

attic	............*desván*	driveway	........*entrada para coches*
balcony	.........*balcón*	garage	..........*garaje/cochera*
basement	........*sótano*	garden	..........*jardín*
dining room	......*comedor*	patio/yard	........*patio*

Conversation 44

José:	Elena, did you like the apartment?
Elena:	Yes, except the living room needs to be painted.
José:	Well, I think Mrs. Turner would agree to that.
Elena:	If she does, let's take it.
José:	What color paint would you like?
Elena:	I think beige would be nice, to match our furniture.

Conversación 44

José:	¿Te gustó el apartamento, Elena?
Elena:	Sí, pero la sala necesita pintura.
José:	Pues creo que la Sra. Turner estaría de acuerdo con eso.
Elena:	Si está de acuerdo, lo alquilamos.
José:	¿Qué color de pinta te gustaría?
Elena:	Pienso que un café claro quedaría bonito, para que vaya con nuestros muebles.

Substitution Practice

1. The <u>living room</u> needs to be painted. (kitchen, dining room, bathroom)
2. I think <u>beige</u> would be nice. (light yellow, medium blue, dark green, cream, glossy white)

VOCABULARY

(to) agree	....	estar de acuerdo	(to) forget .... olvidar
beige	....	café claro	glossy .... brilloso
cream	....	crema	light .... (tono) claro
dark	....	(tono) oscuro	(to) match .... coordinar
flat	....	sin brillo	medium .... (tono) intermedio

Assignment

Check the classified ads in your local newspaper for <u>Apartments to Rent</u>. Which apartments interest you? List a few here.

LOCATION: PHONE NUMBER:

_____   _____

_____   _____

_____   _____

_____   _____

_____   _____

_____   _____

_____   _____

Assignment

Write a brief paragraph to describe your dream house.
Escriba un párrafo corto para describir su casa ideal.

_____

_____

_____

_____

_____

_____

_____

_____

VOCABULARY

amenities .... *amenidades*   dream .... *sueño*
damage deposit ... *depósito contra daños*   restrictions .... *restricciones*

Practice

Complete this form. It is used when you move so that your mail will be delivered to your new address.
Llene esta planilla. Se usa cuando uno se muda para que su correo sea enviado a su nueva dirección.

CHANGE OF ADDRESS FORM

Complete questions 1-8. Please print clearly.
1. Change of address for:

☐ Individual   ☐ Entire family   ☐ Business

OFFICIAL USE ONLY
Name of clerk:

2. Date to start delivery at new address?   Month Day Year

3. Print last name, or name of business.

4. Print first name, of head of household. Leave blank for a business.

5. Print **OLD** address, including number and street.

Apartment/Room Number   P.O. Box Number

City   State   Zip code

6. Print **NEW** address, including number and street.

Apartment/Room Number   P.O. Box Number

City   State   Zip code

7. Signed   8. Date: Month Day Year

VOCABULARY (recorded)

blank	en blanco	new	nuevo
business	comercio	old	viejo
clearly	claramente	only	solamente
delivery	entrega	(to) print	imprimir
head of household	jefe de familia	room	habitación
ID number	número de identidad	(to) start	empezar
including	incluyendo/inclusive	(to) sign	firmar

Side 4

Moving Day

Conversation 45

José: Where should we put the sofa?[18]
Elena: Let's put it against that wall.
José: How about these lamps?
Elena: Put them next to the sofa.
José: And the table and chairs?
Elena: Put them in the dining room.

El día de la mudanza

Conversación 45

José: ¿Dónde ponemos el sofá?
Elena: Pongámoslo contra esa pared.
José: ¿Y estas lámparas?
Elena: Ponlas al lado del sofá.
José: ¿Y la mesa y las sillas?
Elena: Ponlas en el comedor.

Substitution Practice

1. Where should we put the <u>sofa</u>? (bed, table, rug, TV)
2. Let's put it <u>against that wall</u>. (in the bedroom, under the light, across from the sofa)
3. How about these <u>lamps</u>? (pictures, plants, boxes)
4. Put them <u>next to the sofa</u>. (by the table, in the attic, on the balcony, in the garage, on the shelf)

VOCABULARY

balcony .... *balcón*
bed .... *cama*
box(es) .... *caja(s)*
light .... *luz*
pictures .... *cuadros*

plants .... *plantas*
rug .... *alfombra*
shelf .... *estante*
under .... *debajo de*

---

[18] *También se llama* <u>couch</u>.

The New Living Room

Look at the picture and listen to the description on the cassette. Repeat each sentence.

Mire el dibujo y escuche la descripción. Repita cada oración.

This is the Durán family's living room. It has beige walls. Against one wall, there is a large, dark brown sofa. Above the sofa there are two pictures. Next to the sofa there is a plant on an end table. On the other side of the sofa, there is a tall lamp. In front of the sofa, there is a coffee table with magazines on it. Under the table, there is a rug. There are also two comfortable chairs facing each other.

Assignment

Describe your living room, or select a magazine photograph to describe. Use the words, there is, there are, and it has. Follow the example above.

Describa su sala, o escoja una foto de revista para describirla. Use las palabras there is, there are, y it has. Siga el ejemplo anterior.

VOCABULARY

above . . . . *encima de*
coffee table . . . . . . *mesita de centro*
comfortable . . . . . . *cómodo*
end table . . . . *mesita de costado*
magazine . . . . *revista*

plant . . . . *planta*
rug . . . . *alfombra*
side . . . . *lado*
tall . . . . *alto*

Chores

Conversation 46

Elena: Wow! We have to do a lot of work around the apartment. Brenda and Carlos, you have to clean up your bedrooms.
Brenda: Can we finish watching this TV show first?
Elena: No. You really should do it now!
Carlos: OK, Mom.
Elena: What are you going to do today, José?
José: I have to pay our bills.
Elena: And I have to pick up a few things at the grocery store.

Los quehaceres

Conversación 46

Elena: ¡Caramba! Tenemos que hacer mucho trabajo en el apartamento. Brenda y Carlos, tienen que limpiar sus dormitorios.
Brenda: ¿Podemos terminar de ver este programa de tele, primero?
Elena: No. ¡De verdad tienen que hacerlo ahora!
Carlos: Está bien, mamá.
Elena: ¿Qué vas a hacer hoy, José?
José: Tengo que pagar nuestras cuentas.
Elena: Y yo tengo que traer unas cosas de la tienda.

Substitution Practice

1. You have to <u>clean up your bedroom</u>. (put away your toys, empty the wastebasket, do your homework)
2. I have to <u>pay our bills</u>. (clean the kitchen, make dinner, wash the dishes, sweep the floor, vacuum the rug, dust the furniture)

Assignment

Make a list of chores that you have to do.

VOCABULARY

(to) clean .... *limpiar*
dish(es) .... *plato(s)*
(to) dust .... *sacudir/desempolvar*
(to) empty .... *vaciar*
floor .... *suelo*
(to) have to ..... *tener que*
homework .... *tareas escolares*

(to) put away .... *guardar*
(to) sweep .... *barrer*
toys .... *juguetes*
(to) vacuum ...... *limpiar con aspiradora*
(to) wash .... *lavar*
wastebasket ...... *cesta*

Monday Morning

Conversation 47

Elena:	Carlos and Brenda! Get up! It's a quarter after seven.
Carlos:	OK, Mom. I'll take my bath now.
Brenda:	And I'll take a shower.
Elena:	Then get dressed and brush your hair!
Brenda & Carlos:	OK, Mom.

Later...

José:	Breakfast is nearly ready!
Elena:	Carlos, put four bowls and plates on the table, please.
José:	I'll get the cups and glasses.
Brenda:	Here's a knife, fork, and spoon for each of us.
José	Hurry everybody! Come and sit down.

El lunes por la mañana

Conversación 47

Elena:	¡Carlos y Brenda! ¡Levántense! Son las siete y cuarto.
Carlos:	Está bien, mamá. Ahora voy a bañarme.
Brenda:	Y yo tomaré una ducha.
Elena:	¡Luego vístanse y péinense!
Brenda & Carlos:	Está bien, mamá.

Mas tarde...

José:	¡El desayuno está casi listo!
Elena:	Carlos, pon cuatro platos hondos y cuatro planos en la mesa, por favor.
José:	Traeré las tazas y los vasos.
Brenda:	Aquí tienes un cuchillo, un tenedor, y una cuchara para cada uno de nosotros.
José	¡Dense prisa todos! ¡Vengan a sentarse!

Write the English word for each picture.

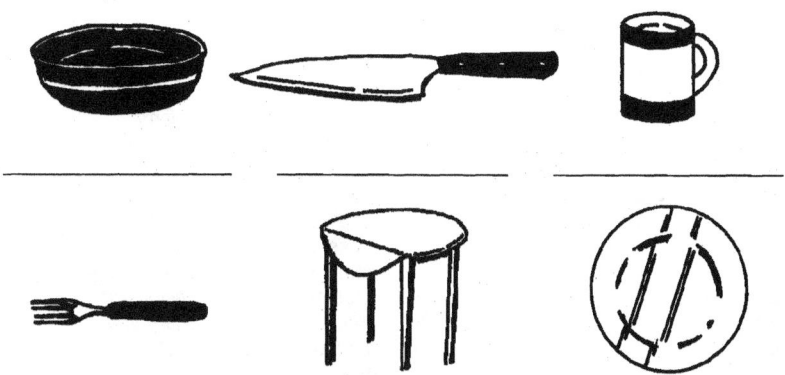

CHAPTER 9

HEALTH
The Human Body

LA SALUD
El Cuerpo Humano

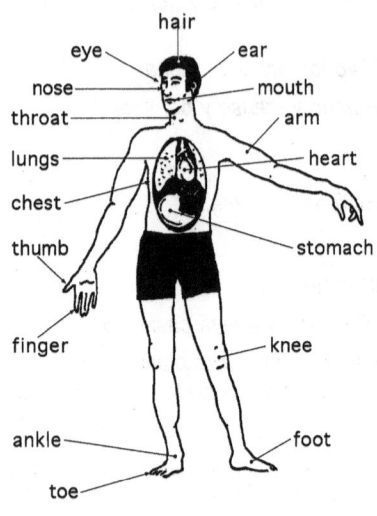

FRONT

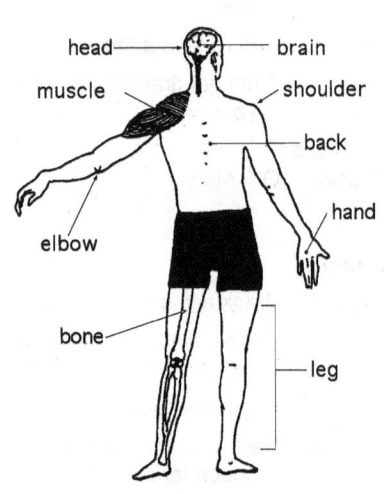

BACK

VOCABULARY (recorded)

ankle	tobillo	heart	corazón
arm	brazo	knee	rodilla
back	espalda	leg	pierna
bone	hueso	lungs	pulmones
brain	cerebro	mouth	boca
chest	pecho	muscle	músculo
ear	oído	neck	cuello
elbow	codo	nose	naríz
eye	ojo	shoulder	hombro
face	cara	stomach	estómago
finger	dedo de la mano	throat	garganta
foot	pie	thumb	pulgar
hair	pelo	toe	dedo del pie
hand	mano	tooth (teeth)	diente (dientes)
head	cabeza		

Conversation 48

José:	María, are you feeling OK?
María:	No, not really.
José:	What's wrong?
María:	I have a terrible headache, and my[19] eyes hurt.[20]
José:	I'll get you some aspirin. I hope you feel better soon.

Conversación 48

José:	¿María, te sientes bien?
María:	No, en realidad, no.
José:	¿Qué te pasa?
María:	Tengo un dolor de cabeza terrible y me duelen los ojos.
José:	Te traeré unas aspirinas. Espero que pronto te sientas mejor.

Substitution Practice

1. I have a terrible <u>headache</u>. (earache, toothache, stomach-ache, backache, fever, cold, cough, ache, pain)
2. My <u>eyes</u> hurt. (ears, knees, ankles)

Practice

José reads the directions on the aspirin bottle.

1.
> **ASPIRIN**
> INDICATIONS: For temporary relief of aches and fevers.
> DIRECTIONS: Adults: 2 tablets, 3 or 4 times daily.
> WARNING: Do not give to children under 12.

VOCABULARY

ache	dolor	fever	fiebre
adult	adulto	indications	indicaccíones
allergy	alergia	relief	alivio
backache	dolor de espalda	stomach-ache	dolor de estómago
(a) cold	(un) resfriado	temporary	temporal
(a) cough	tos	times	veces
daily	cada día	toothache	dolor de muela
directions	instrucciones	under	menos de
earache	dolor de oídos	warning	advertencia

---

[19] En inglés, nos referimos a las partes del cuerpo con formas posesivas.
    ✓ correcto: ✓ My eyes hurt.
    x incorrecto: x The eyes hurt.
[20] Nota: I <u>hurt</u> my arm.   Me <u>lastimé</u> el brazo.
    My arm <u>hurts</u>.   Me <u>duele</u> el brazo.

José and Elena read the labels for other medicines.

2. **ANTACID TABLETS:**
DIRECTIONS: Dissolve in warm water and drink.
DOSAGE: Adults: 1 or 2 tablets. Children: 1/2 adult dosage.

3. **EYE DROPS**
DIRECTIONS: Squeeze 2 or more drops into each eye as needed.
WARNING: To avoid contamination do not touch tip to any surface. Replace cap after use.

4. **EAR DROPS:**
DIRECTIONS: 2-3 drops in each ear before and after swimming.

5. **COUGH SYRUP**
INDICATIONS: For temporary relief of coughs due to minor irritations.
DIRECTIONS: Adults and children over 6: one teaspoonful every 4 hours. For children under 6, consult your doctor.
WARNINGS: A chronic cough may be a sign of a serious condition. If symptoms persist for more than one week, consult a physician.
- May cause drowsiness.

VOCABULARY

after	después	medicine	medicina
allergy	alergia	minor	menor
antacid tablets	tabletas anti-ácido	more than	más de
(to) avoid	evitar	(as) needed	según sea necesario
before	antes	over	más de
cap	tapa	(to) persist	persistir
(to) cause	causar	physician	médico
(to) chew	masticar	remedy	remedio
chronic	crónico	(to) replace	reponer
condition	condición	serious	serio
(to) consult	consultar	(a) sign	indicio
contamination	contaminación	(to) squeeze	apretar
(to) cough	toser	surface	la superficie
(to) dissolve	disolver(se)	swimming	natación
dosage	dosis	symptoms	síntomas
(to) drink	beber	syrup	jarabe
drops	gotas	tablets	comprimidos
drowsiness	somnolencia	teaspoonful	cucharadita
due to	a causa de	tip	punta/aplicador
each/every	cada	(to) touch	tocar
into	en	virus	virus
irritations	iirritaciones	warm	tibio

Conversation 49

Elena: What's the matter, Carlos?
Carlos: I have a sore throat, and my ears hurt.
Elena: Let me take your temperature.
Carlos: OK.

Conversación 49

¿Qué te pasa, Carlos?
Tengo la garganta irritada y me duelen los oídos.
Deja que te tome la temperatura.
Bueno.

A Few Moments Later...

Elena: You have a fever. Your temperature is up to 100°.[21] I'm going to call the doctor.

Tienes fiebre. Tu temperatura ha subido a 100°(F). Voy a llamar al médico.

Substitution Practice

1. <u>What's the matter</u>, Carlos?
2. Your temperature is <u>100°</u>.

(What's wrong, What's the problem)
(102°, 99°, 98.6°, normal)

---

[21] 212°F (Fahrenheit) = 100°C (Centigrade/Celsius); 32°F = 0°C.

Calling the Doctor

Conversation 50

Receptionist:	Doctor's office.
Elena:	I'd like to make an appointment with Dr. Adams. It's my son, Carlos Durán. I think he has an ear infection.
Receptionist:	Can you come tomorrow morning?
Elena:	Is it possible to come today?
Receptionist:	Is five o'clock this afternoon convenient for you?
Elena:	Could we come earlier?
Receptionist:	How about 11:30 this morning?
Elena:	Yes, that's fine. Thank you.

At the Doctor's Office

Conversation 51

Elena:	Good morning. I am Elena Durán. My son has an appointment with the doctor.
Nurse:	Yes, Mrs. Durán. You are a little early. Please take a seat, and fill out this form while you are waiting.
Elena:	All right. Thank you.

Substitution Practice

1. Could we come <u>earlier</u>?
2. He has <u>an ear infection</u>.

Llamando al médico

Conversación 50

Consultorio.

Quisiera hacer una cita con el Dr. Adams. Es mi hijo, Carlos Durán. Creo que tiene una infección en los oídos.

¿Puede venir Ud. mañana por la mañana?

¿Puedo ir hoy?

¿Le conviene hoy a las cinco de esta tarde?

¿Podríamos venir más temprano?

¿Le conviene hoy a las 11:30 de la mañana?

Sí, está bien. Gracias.

En la oficina del médico

Conversación 51

Buenos días. Soy Elena Durán. Mi hijo tiene una cita con el doctor.

Sí, Sra. Durán, Ud. ha llegado un poco temprano. Por favor, tome asiento, y llene este formulario mientras esperan.

Bien. Gracias.

(later, at lunch time, at 4 p.m., tomorrow, on Thursday, after five)

(a stomach-ache, a cough, a cold)

Complete the form below.

HEALTH RECORD

Date: _____

Name: _____

Address: _____

_____

Date of Birth: _____   Phone #: _____

Occupation: _____

Employer's Name and Address: _____

_____

_____

Health Insurance: ☐ yes ☐ no

Insurance Company: _____

Policy Number: _____

VOCABULARY (recorded)

below .... *abajo*
birth .... *nacimiento*
employer .... *patrono*

insurance company .. *compañia de seguros*
occupation .... *trabajo*
policy .... *poliza*

Seeing the Doctor

Conversation 52

Doctor: Good afternoon, Carlos. I understand that your ears hurt.

Carlos: Yes, and I have a sore throat.

Doctor: OK. Let me have a look. Open your mouth and say "Ah." OK. Now, let me check your ears. I see that you have a slight infection.

Elena: Is it serious, doctor?

Doctor: No. Don't worry. I'm going to prescribe antibiotics. He should take a pill before meals three times a day for seven days.

Elena: Thank you.

Doctor: Call me if you have any questions, or if he doesn't improve in seven days.

Viendo al médico

Conversación 52

Buenas tardes, Carlos. Tengo entendido que te duelen los oídos.

Si, y me duele la garganta.

Bueno. Déjame examinarla. Abre la boca y di "Ah." Bueno. Ahora déjame mirarte los oídos. Veo que tienes una ligera infección.

¿La condición es seria, doctor?

No. No se preocupe. Voy a recetarle unos antibióticos. Debe tomar una píldora tres veces al día, antes de comer por siete días.

Gracias.

Llámeme si tiene alguna pregunta, o si no se mejora en siete días.

Practice

Match the following phrases with the correct parts of the body. Write the correct numbers in the blanks.

Empareje las siguientes frases y las partes del cuerpo. Escriba los números correctos en los blancos.

1. My ears hurt.
2. I have a sore throat.
3. My head hurts.
4. My stomach hurts.
5. I have a cold, and I sneeze a lot.

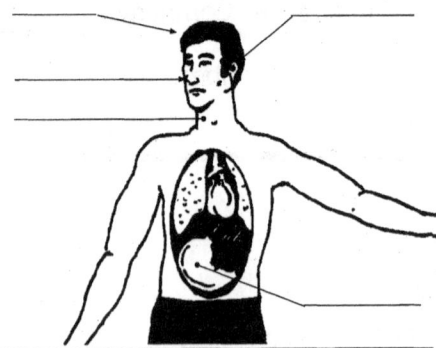

VOCABULARY

(to) cough .... *toser*   (to) sneeze ...... *estornudar*

An Emergency Phone Call

Conversation 53

Operator: 911, Emergency Services. How can I help you?

Elena: There's been an accident. Two cars have crashed. One of the passengers is badly hurt.

Operator: What is the location?

Elena: It's Mill Road and Wilson Street.

Operator: And what's your name?

Elena: I'm Elena Durán.

Operator: An ambulance and the police are on their way.

Una llamada de emergencia

Conversación 53

911, Servicios de Urgencia. ¿Cómo puedo ayudarle?

Ha habido un accidente. Dos coches chocaron. Uno de los pasajeros está mal herido.

¿Cuál es la dirección?

Mill Road y Wilson Street.

Y ¿cómo se llama Ud.?

Me llamo Elena Durán.

Una ambulancia y la policía están en camino.

Match the Phrases

Choose the English phrase from the box below, and write it opposite the correct Spanish phrase.
Escoja la frase inglesa del cuadro, y escríbala frente a la frase española equivalente.

> My house is on fire!   I've been robbed!
> He's badly burned.   It's an earthquake!
> Call the fire department!

1. ¡Llama a los bomberos! _____

2. Tiene quemaduras graves. _____

3. Mi casa se está quemando. _____

4. ¡Me han robado! _____

5. ¡Es un terremoto! _____

Listen to the cassette to check your answers.

VOCABULARY

burned .... *quemado*
earthquake ...... *terremoto*
fire .... *fuego*

(to) match .... *emparejar/equiparar*
robbed .... *robado/robaron*

CHAPTER 10

ENTERTAINMENT

Conversation 54

José is talking with Rick, a student from his English class.

Rick:	José, we're having a softball game this Saturday. Would you like to be on the team?
José:	Sure. I love softball.
Rick:	Great. We'll meet in the park at 3:30. See you there.
José:	OK. I look forward to it.

ENTRETENIMIENTO

Conversación 54

	José, vamos a jugar al softball este sábado. ¿Te gustaría jugar en el equipo?
	Claro. Me gusta mucho el softball.
	Muy bien. Nos encontraremos en el parque a las tres y media. Te veremos allí.
	Bueno. Estoy muy interesado.

Substitution Practice

1. I love <u>softball</u>.

   (baseball, soccer, basketball, sports, football)

2. We'll meet <u>in the park</u>.

   (at the stadium, at your house, at the pool, on the field, outside the movie theater)

VOCABULARY

baseball .... béisbol	outside .... afuera
basketball .... baloncesto	pool .... piscina
(a) field .... (un) campo	soccer .... fútbol
football .... fútbol	sport .... deporte
game .... juego	stadium .... estadio

Conversation 55

Elena calls María on the phone.

Elena:	Hi, María. This is Elena.
María:	Hi, Elena. How are you?
Elena:	Fine, thanks. Would you like to go swimming with us on Saturday afternoon?
María:	Thanks. I'd love to.
Elena:	Well, José is going to play softball with some friends, so I'm taking Brenda and Carlos to the pool. We could take a picnic to the park afterwards and watch José's game.
María:	That sounds great.
Elena:	Shall we meet you at the pool at three o'clock?
María:	Yes. I'll see you there. Bye.
Elena:	Bye.

Conversación 55

	¡Hola, María! Soy Elena.
	¡Hola, Elena! ¿Cómo estás?
	Bien, gracias. Te gustaría ir a la piscina con nosotros el sábado por la tarde?
	Gracias. Me gustaría mucho.
	Mira, José va a jugar al softball con algunos amigos, así que voy a llevar a Brenda y a Carlos a la piscina. Podríamos llevar una merienda al parque después, y mirar el juego de José.
	Me parece maravilloso.
	¿Nos encontraremos en la piscina a las tres?
	Sí. Te veré allí. Adiós.
	Adiós.

Substitution Practice

1. Would you like to <u>go to the pool</u>? (go swimming, go dancing, visit the museum, go fishing, go bike-riding, go roller-skating, go to the zoo)

2. Shall we meet you at <u>three o'clock</u>? (a quarter after four, ten of seven, nine forty-five, twenty-five of twelve, six fifteen)

VOCABULARY

(to) dance .... *bailar*
(to) go bike-riding . *andar en bicicleta*
(to) go dancing ... *ir a bailar*
(to) go fishing .... *ir de pesca*
(to) go roller-skating .... *ir a patinar sobre ruedas*
(to) swim .... *nadar*
(to) visit .... *visitar*
zoo .... *(jardín) zoológico*

The Weather

Conversation 56

José:	What a beautiful day!	
Brenda:	It's sunny and warm. It's going to be hot.	
José:	It's seventy-five degrees already!	
Elena:	I listened to the forecast. There's going to be a storm.	
José:	Oh no!	
Elena:	It's OK. It's going to be beautiful until about six o'clock this evening, and then it's going to rain.	
José:	OK. Let's get the picnic ready.	

El tiempo

Conversación 56

José:	¡Qué día más hermoso!
Brenda:	Hace sol y está caliente. Va a hacer mucho calor.
José:	¡Hacen setenta y cinco grados ya!
Elena:	Escuché el pronóstico del tiempo. Va a haber tormenta.
José:	¡Oh, no!
Elena:	Está bien. Va a estar bonito hasta cerca de las seis de la tarde, y entonces va a llover.
José:	Bien. Vamos a preparar la merienda.

Substitution Practice

1. It's <u>sunny</u>.   (hot, cold, cloudy, humid, dry, raining, snowing, freezing)

2. It's going <u>to be hot</u>.   (to rain, to snow)

3. There's going to be <u>a storm</u>.   (a hurricane, a tornado)

VOCABULARY

cloudy	..........*nublado*		humid	..........*húmedo*
(to be) cold	......*hacer frío*		hurricane	........*huracán*
dry	.............*seco*		(to) rain	.........*llover*
(to) freeze	.......*congelar*		(to) snow	........*nevar*
(to be) hot	.......*hacer calor*		tornado	..........*tornado*

Time to Leave

Conversation 57
José: Is everybody ready?
Elena: Just a minute. I have to lock the door.
José: We'll meet you downstairs.

La hora de salir

Conversación 57
¿Están todos listos?
Un momento. Tengo que cerrar bien la puerta.
Nos reunimos abajo.

Substitution Practice
1. I have to <u>lock the door</u>.   (shut the back door, leave a light on)
2. We'll meet you <u>downstairs</u>.   (upstairs, outside, inside, next door)

At the Gas Station

Conversation 58
José: Could you fill it up with unleaded, please?
Attendant: Sure.
José: We're taking a trip. Could you check the oil and put some air in the tires?
Attendant: No problem!

En la gasolinera

Conversación 58
Por favor, ¿podría llenar el tanque con gasolina sin plomo?
Claro que sí.
Vamos de viaje. ¿Puede revisar el aceite y ponerle aire a las llantas?
¡No hay problema!

Substitution Practice
1. Could you check <u>the oil</u>?   (the tires, the radiator, the lights)

VOCABULARY

back door .... puerta trasera
everybody .... todo el mundo
inside .... adentro
(to) leave on ..... dejar encendida
lights .... luces

next door .... la casa de al lado
radiator .... el radiador
(to) shut .... cerrar
stairs .... escalera
upstairs .... arriba/piso de arriba

At the Lake

En el lago

Conversation 59
Brenda: Wow! The lake is beautiful!
José: Just smell that fresh air!
Brenda: Mom, can we go swimming?
Elena: That would be great.

Conversación 59
¡Caray! ¡Qué bello es el lago!
¡Huele el aire fresco!
¿Podemos ir a nadar, mamá?
Eso sería estupendo.

Substitution Practice
1. Can we go <u>swimming</u>?   (hiking, exploring, for a walk, to the river, for a drive)

Assignment
There are many different creatures in the country. Listen to the vocabulary and repeat the words. When you go out, keep a record of the animals and birds you see.

VOCABULARY

creature .... *criatura*
(a) drive .... *un paseo en coche*
(to) go hiking ..... *ir a caminar por el campo*
river .... *río*
(to) go out .... *salir*

VOCABULARY (recorded)
animals .... *animales*
bear .... *oso*
bird .... *pájaro*
cow .... *vaca*
deer .... *ciervo/venado*
dog .... *perro*
fox .... *zorro*
hawk .... *halcón*
heron .... *garza*
horse .... *caballo*
pig .... *cerdo*
rabbit .... *conejo*
racoon .... *mapache*
sheep .... *oveja*
snake .... *culebra*
squirrel .... *ardilla*
woodchuck ..... *marmota de América*
vulture .... *buitre*

Next Day at Work

Conversation 60

Cindy:	Hey, José, how was your day yesterday?
José:	It was very nice. We really enjoyed it.
Cindy:	How was the lake?
José:	Beautiful! And the weather was lovely too. Did you enjoy your weekend?
Cindy:	Yes. We played golf. I did a lot of reading, and I joined an aerobics class at the community center.
José:	You were very busy!
Cindy:	By the way, would you and Elena like to go to the movies with us tonight?
José:	Thanks for asking, but I don't think so. We just want to stay home and rest this evening. But we'd love to go another time.

Al día siguiente en el trabajo

Conversación 60

Cindy:	Oye, José, ¿cómo te fue ayer?
José:	Me fue bien. Disfrutamos mucho.
Cindy:	¿Cómo estuvo el lago?
José:	¡Hermoso! Y hacía un tiempo excelente también. ¿Disfrutaste tú el fin de semana?
Cindy:	Sí. Jugamos al golf. Leí mucho e ingresé en una clase de ejercicios aeróbicos en el centro social.
José:	¡Estuviste muy ocupada!
Cindy:	A propósito, ¿quisieran Elena y tú ir al cine con nosotros esta noche?
José:	Gracias por preguntar, pero creo que no. Preferimos quedarnos en casa para descansar esta noche. Pero nos gustaría mucho ir en otra oportunidad.

Substitution Practice

1. We <u>played tennis</u>. (went to the beach, went swimming, had a family reunion, went fishing, went to a wedding, went to my parents' house)

2. I joined <u>an aerobics class</u>. (a painting class, a dance class, a club, a hockey team)

3. Would you like to <u>go to the movies</u>? (go out to dinner, go to the theater, see a play, go to a concert, rent a movie)

Assignment
Using your dictionary, make a list of the English vocabulary relating to *your* interests. Write a paragraph about your interests.

Assignment
Check the entertainment section of your local newspaper. List some attractions that sound interesting to you.

VOCABULARY

(to) dance .... *bailar*
hockey .... *hockey*
(to) join .... *ingresar en*
(a) movie .... *(una) película*

painting .... *(de) pintura*
(to) rent .... *alquilar/arrendar*
reunion .... *reunión*
wedding .... *boda*

What's on TV?

Conversation 61

José:	What do you want to watch?
Elena:	I don't know. Is there anything good on?
José:	How about the movie on channel 4?
Elena:	What's it about?
José:	It's a comedy with Jim Marvin.
Elena:	I'd rather watch the news on channel 7.
José:	OK. It doesn't make any difference to me.
Elena:	Are you sure?
José:	Yes. Whatever you decide is fine with me.

¿Qué muestran en la tele?

Conversación 61

¿Qué quieres ver?
No sé. ¿Hay algo bueno?
¿Qué te parece la película del canal 4?
¿De qué se trata?
Es una comedia con Jim Marvin.
Preferiría ver las noticias en el canal 7.
Bueno. A mí me da lo mismo.
¿Estás seguro?
Sí. Lo que decidas está bien para mí.

Substitution Practice

1. I'd rather watch <u>a comedy</u>.   (the drama, the mystery, the game show, the soap opera, the police drama, the kids' show, the news, the football game)

2. It doesn't <u>make any difference</u> to me.   (matter)

GOOD LUCK WITH YOUR ENGLISH!

VOCABULARY

event . . . . *acontecimiento*
game show . . . . . . *un show de competencia*
kids = children . . . . *niños*

luck . . . . *suerte*
(to) matter . . . . *importar*
mystery . . . . *misterio*
soap opera . . . . . . *novela (de televisión)*

A BRIEF GUIDE TO GOVERNMENT SERVICES

(not recorded)

UNA GUÍA BREVE PARA LOS SERVICIOS DEL GOBIERNO

Immigration and Naturalization Service (INS)

Function: To handle visa applications and renewals.

Anyone who is not a U.S. citizen and who wishes to work in the U.S. must have a work visa. This should be obtained from the INS.

Servicio de Inmigración y Naturalización

Función: Manejar las solicitudes de visa y renovaciones.

Cualquiera que no sea ciudadano norteamericano y que desea trabajar en los Estados Unidos deberá tener una visa para trabajar. Esta deberá obtenerse a través del Servicio de Inmigración y Naturalización.

Internal Revenue Service (IRS)

Function: To collect federal income taxes.

Further information: Your employer should give you a W-2 form at the end of the year which you will file with your tax return. The W-2 form states the total amount of money you have earned from that employer, and the total amount of taxes withheld and paid during the previous year.

To help you to understand your tax forms, the IRS may have a representative at the library. The service is free. You can also pay an accountant to help you.

You must also pay state taxes.

Servicio Interior de Ingresos

Función: Recaudar los impuestos federales sobre ingreso.

Información adicional: Su empleador deberá darle una forma W-2 al finalizar el año que reportará con su informe de impuesto. La forma W-2 declara la cantidad total de ingreso que Ud. recibió de su empleador y el total de impuestos retenidos y pagados durante el año anterior.

Para ayudarle a entender las formas de sus impuestos, el Servicio Nacional de Ingresos pondrá un representante en la biblioteca. El servicio es gratuito. También puede pagarle a un contador para que le ayude.

También deberá pagar impuestos estatales.

VOCABULARY

accountant .... *contador*
employer .... *empleador/patrón*
end .... *fin*

(to) file .... *presentar*
income .... *ingresos*
representative .... *representante*

Social Security Administration
(Department of Health and Human Services)

Function: To assign Social Security numbers and to process Social Security benefits.

Further Information: Payments to the Federal Insurance Contributions Act (FICA) are for Social Security.

Administración de la Seguridad Social
(Departamento de Servicios Humanos y de Salud)

Función: Asignar números de Seguridad Social y procesar los beneficios.

Información adicional: Los pagos para FICA, el acta de contribucion del seguro federal son para la Seguridad Social.

Department of Motor Vehicles (DMV)

Function: To process Drivers' License applications and vehicle registrations.

Further information: You will need to pass one or more tests: an eyesight test, a practical test, and a written test. You will also need to complete a form to apply for a driver's license.

Request a free drivers' handbook.

Departamento de Vehículos Motorizados

Función: Procesar la licencia para manejar solicitudes y registro de vehículos.

Información adicional: Deberá pasar uno o más exámenes: un examen de la vista; un examen práctico y un examen escrito. También deberá llenar una forma para solicitar una licencia de manejo.

Solicitar un manual de manejo que es gratuito.

VOCABULARY

benefits	beneficios
contact lenses	lentes de contacto
disabled	incapacitado
(to) drive	manejar/conducir
eyesight	sentido y alcance de la vista
former	anterior
glasses	gafas/anteojos/lentes
(a) handbook	un manual
height	estatura
license plate	placa, chapa
motorcycle	motocicleta
practical test	un examen práctico
(to) pull over	hacerse a un lado
red light	semáforo rojo/luz roja
(to) request	pedir/solicitar
revoked	revocado
road	carretera
(to) save	ahorrar
seat belt	cinturón de seguridad
social security	seguridad social
tag	placa, chapa
(a) test	un examen
truck	camión
(to) wear	llevar puesto
weight	peso
written test	un examen escrito

State and County Government Offices

How to contact:
Look in the phone book under the name of your state or county in Government listings.

Oficinas del Gobierno del estado y del condado

Como hacer contacto:
Buscar en el directorio telefónico bajo el nombre de su estado o condado los listados del gobierno.

Emergency Services

Ambulance
Fire
Police

Servicios de emergencia

Ambulancia
Contra fuego
Policía

How to contact:
Emergencies: phone **911**
Non-emergencies: The numbers will be in the phone book in local government listings.

Como hacer contacto:
Emergencia: teléfono 911
Cuando no hay emergencias los números se encuentran en el directorio telefónico bajo el listado de los servicios del gobierno local.

VOCABULARY

county .... condado
end .... fin

last .... último

Useful phrases:

I'm applying for <u>citizenship</u>.
(a visa, a renewal)
I wish to obtain a visa.
How long have you <u>been</u> in the U.S.?
(lived, worked, studied)
I've <u>been</u> here for one year.
(lived, worked, studied)
What is the purpose of your stay?
I'm attending[22] school.
I'm a student.
I'm working there.
I'm living here.
You need to see <u>a notary public</u>.
(a lawyer)

Frases útiles:

Estoy solicitando <u>la ciudadanía</u>.
(una visa [un visado], una renovación)
Me gustaría obtener un visado.
¿Cuánto tiempo ha <u>estado</u> Ud. en los EE.UU.?
(vivido, trabajado, estudiado)
He <u>estado</u> aquí un año.
(vivido, trabajado, estudiado)
Cuál es la razón por su estancia?
Asisto a la escuela.
Soy un estudiante.
Trabajo allí.
Vivo aquí.
Tiene que ir a ver a <u>un notario público</u>.
(un abogado)

VOCABULARY

(to) attend .... *asistir*
brief .... *breve*
government ...... *gobierno*
immigration ...... *inmigración*
(to) provide ...... *proveer*

renewal .... *renovación*
status .... *estado*
temporary resident . *residente provisional/ temporal*
valuable .... *valioso*

---

[22] *No confunda <u>asistir</u> con <u>assist</u>, ni <u>atender</u> con <u>attend</u>.*
I <u>attend</u> school.   Yo <u>asisto</u> a la escuela.
I <u>assist</u> in the surgery room.   Yo <u>ayudo</u> en la sala de cirugía.

GUIDE TO ENGLISH GRAMMAR
(not recorded)
RESUMEN DE LA GRAMÁTICA INGLESA

LOS ADJETIVOS

Mientras que en español los adjetivos tienen que concordar con el sustantivo en cuanto al género y al número, en inglés no existe esta concordancia.

the white house	la casa blanca
the white houses	las casas blancas
my son	mi hijo
my sons	mis hijos
the sincere man	el hombre sincero
the sincere woman	la mujer sincera

Posición de los adjetivos: En inglés los adjetivos se anteponen al sustantivo que modifican.

the Italian operas   las óperas italianas

Los adjetivos demostrativos: A diferencia de los otros adjetivos en inglés, los demostrativos requieren una concordancia de número:

Singular		Plural	
this	este, esta	these	estos, estas
that	ese, esa, aquel, aquella	those	esos, esas, aquellos, aquellas

Los adjetivos posesivos:

Singular		Plural	
my	mi/mis	our	nuestro/-os/nuestra/-as
your	tu/tus/su/sus	your	vuestro/-os/vuestra/-as su/sus
his	su/sus		
her	su/sus	their	su/sus
its	su/sus		

LOS ADVERBIOS

Muchos adverbios en inglés se forman añadiendo la terminación -ly a un adjetivo. Esto corresponde al uso de la terminación -mente en español.

quick → quickly   rápido → rápidamente

precise → precise<u>ly</u>	preciso → precisa<u>mente</u>
immediate → immediate<u>ly</u>	inmediato → inmediata<u>mente</u>

Hay excepciones importantes como:

good →well	bueno → bien
fast → fast	rápido → rápidamente

Adverbios de frecuencia: Los adverbios de frecuencia en inglés son:

usually	por lo general
frequently	con frecuencia
often	a menudo
sometimes	a veces
always	siempre
hardly ever ⎫	⎧ casi nunca
rarely ⎬	⎨ rara vez
seldom ⎭	⎩
never	nunca, jamás

En una oración afirmativa con el verbo <u>to be</u>, el adverbio de frecuencia va después del verbo:

I'm always tired.	Siempre estoy cansado.

En oraciones con otros verbos, el adverbio de frecuencia va delante del verbo:

He often works here.	El trabaja aquí con frecuencia.

En preguntas afirmativas, y oraciones y preguntas negativas, el adverbio de frecuencia generalmente precede la forma básica del verbo principal:

I don't usually go to the store.	Por lo general, no voy a la tienda.

LOS ARTÍCULOS

El artículo indeterminado: Las palabras <u>a</u> (un, una) y <u>an</u> (un, una) representan las formas del artículo indeterminado en inglés. Por lo general se usa este artículo delante de sustantivos que no han sido identificados. La forma del artículo indeterminado que se usa depende del sonido inicial de la palabra que lo sigue.

<u>A</u> antecede a una palabra que empieza con sonido de consonante:

a man	un hombre
a red apple	una manzana roja

a star	una estrella
a university [23]	una universidad

<u>An</u> antecede a una palabra que empieza con sonido de vocal:

an object	un objeto
an English girl	una muchacha inglesa
an uncle	un tío
an honest man [24]	un hombre honrado

Es importante notar que se usa este artículo solamente con sustantivos singulares. También se debe notar que, en el singular, normalmente no se omite este artículo en inglés, lo que se hace en español con frecuencia.

I have a pencil.	Tengo lápiz.

El artículo determinado: La palabra <u>the</u> representa el artículo determinado del inglés. Por lo general se usa con sustantivos previamente identificados. Compare:

I have a book.	Tengo (un) libro.
I have the book.	Tengo el libro.

En el segundo ejemplo, el libro es un libro específico ya identificado.

Se usa <u>the</u> con sustantivos singulares y plurales.

the apple	la manzana
the apples	las manzanas
the book	el libro
the books	los libros

Los sustantivos abstractos en inglés no llevan artículo:

Intelligence is more important than beauty.
La intelegencia es más importante que la belleza.

EL ORDEN DE LAS PALABRAS EN ORACIONES Y PREGUNTAS

Oraciones afirmativas: En una oración afirmativa en el tiempo presente, se sigue el siguiente orden: sujeto + verbo + complemento(s). Por ejemplo, *John + is + here* (Juan está aquí).

Preguntas afirmativas: Con el verbo <u>to be</u> (ser/estar) se sigue el orden: verbo + sujeto + complemento(s): *Is + John + here?* (¿Está John aquí?).

---

[23] <u>a</u> porque la <u>u</u> suena como <u>yu</u>.

[24] <u>an</u> porque la <u>h</u> aquí no suena. Es la misma situación con *an hispanic, an historian*.

Con otros verbos, utilice el verbo auxiliar _do_ para formar preguntas en el tiempo presente. La fórmula que se usa es la siguiente: verbo auxiliar + sujeto + forma básica del verbo principal + complemento(s). Por ejemplo, *Does + he + have + a book?* (¿Tiene él un libro?).

Oraciones negativas: Cuando se forman oraciones negativas en inglés, hay que usar la palabra negativa _not_. Con el verbo _to be_ se usa la fórmula: sujeto + verbo + _not_ (a veces contraído con el verbo) + complemento(s). Por ejemplo: *John + is + not + here.* (John no está aquí). Con otros verbos hay que usar también el verbo auxiliar _do_. El orden que se sigue es el siguiente: sujeto + verbo auxiliar + _not_ (a veces contraído con el verbo) + forma básica del verbo principal + complemento(s). Por ejemplo: *He + does + not + have + a book* (Él no tiene un libro).

Cuando ya existe otro verbo auxiliar (por ejemplo: *can; could; will; would; have; may*) se usa aquel verbo en vez de añadir _do_. Por ejemplo:

afirmativo: *Pat _can_ play the guitar.*   Pat puede tocar la guitarra.
pregunta: *_Can_ Pat play the guitar?*   ¿Puede Pat tocar la guitarra?
negativo: *Pat _cannot_ play the guitar.*   Pat no puede todar la guitarra.

Preguntas negativas: Con el verbo _to be_ el orden es: verbo _to be_ + _not_ (contraído) + sujeto + complemento. Por ejemplo, *Aren't + you + a teacher?* Nótese que no se hace una contracción con _am_ + _I_. Por ejemplo, *Am I not young?* (¿No soy joven?).

Con otros verbos el orden que se sigue es el siguiente: verbo auxiliar + _not_ (contraído) + sujeto + forma básica del verbo principal + complemento(s): *Don't + they + have + the books?* (¿No tienen ellos los libros?).

LOS PRONOMBRES

Los pronombres del sujeto: Los pronombres del sujeto del inglés son:

Singular:	*I* [25]	yo	1ª persona
	you	tú, Ud.	2ª persona
	he	él	
	she	ella	3ª persona
	it	(forma neutro/impersonal)	
Plural:	*we*	nosotros/-as	1ª persona
	you	Uds., vosotros/-as	2ª persona
	they	ellos/ellas	3ª persona

---

[25] Siempre se escribe el pronombre con mayúscula.

La única traducción inglesa que tienen los pronombres españoles "tú," "Ud.," "vosotros," "vosotras," y "Uds." es el pronombre inglés *you*. En inglés, no hay distinción entre pronominal de informal y formal (tú/Ud.) como en español; el anglohablante emplea otras maneras (entonación, expresiones de cortesía, etc.) para demostrar respeto.

El pronombre del sujeto *it*, que no tiene traducción equivalente al español, se refiere a entidades que no son seres humanos. También se usa *it* en oraciones impersonales:

It is impossible.   Es imposible.

Aunque muchas veces no se usa el pronombre del sujeto en español, no se puede omitir en inglés.[26] Siempre hay que usar una palabra que represente al sujeto, sea un nombre propio, un sustantivo, o un pronombre:

I am happy.   Estoy contento.
We study English.   Estudiamos el inglés.

Los pronombres del complemento directo e indirecto: Los pronombres que funcionan como complementos directos e indirectos en inglés son:

<u>Singular</u>   <u>Plural</u>

me	me		*us*	nos
you	te/lo/la/le		*you*	os/los/las/les
him	lo/le			
her	la/le		*them*	los/las/les
it	lo/le			

En inglés no existe una distinción de género (masculino-femenino) en la tercera persona del plural, *them*. Este pronombre se refiere a entidades femeninas, masculinas, y neutras.

We saw them. (the books)   Los vimos. (los libros)
We saw them. (the women)   Las vimos. (a las mujeres)
We saw them. (the men)   Los vimos. (a los hombres)

---

[26] Con la excepción de cláusulas subordinadas en las que se sobreentiende el pronombre que inicia la oración: *We came in and (we) sat down* (Entramos y nos sentamos).

Los pronombres del complemento directo e indirecto también funcionan como pronombres preposicionales en inglés.

[for]	me	[para]	mí
	you		ti/Ud.
	him		él
	her		ella
	it		ello
	us		nosotros/-as
	you		vosotros/-as/Uds.
	them		ellos/-as

LOS SUSTANTIVOS

La forma plural: Para formar el plural de los sustantivos en inglés, se añade *-s* o *-es* al final de la palabra (*-es* generalmente se usa con sustantivos que terminan en *-sh*, *-ch*, *-s*, *-x*, y en casos no comúnes como con *potato* + *es*). Por ejemplo:

book	libro
books	libros
match	fósforo
matches	fósforos
potato	papa
potatoes	papas

Cambios ortográficos: Cuando un sustantivo termina en una *y* precedida por una consonante, la *y* se transforma en *i*, y se añade la terminación *-es* para formar el plural.

party → parties	fiesta → fiestas
family → families	familia → familias
city → cities	ciudad → ciudades

Cuando el sustantivo termina en *y* precedida por una vocal, la *y* no cambia y se añade sólo *-s* para formar el plural.

day → days	día → días
boy → boys	muchacho → muchachos
toy → toys	juguete → juguetes

Las formas irregulares: Algunos sustantivos en inglés son irregulares en sus formas plurales.

man → men	hombre → hombres
woman → women	mujer → mujeres
child → children	niño → niños
fish → fish	pez → peces
sheep → sheep	oveja → ovejas

Los apellidos en el plural: El apellido de una familia se pluraliza cuando se refiere a la familia entera:

    the Turners   los Turner

EL SISTEMA GENÉRICO

En inglés existen tres géneros: masculino (*he*), femenino (*she*), y neutro (*it*). El concepto masculino-femenino se refiere sólo a seres humanos (y, a veces, a animales) mientras la forma neutra *it* se refiere a objetos inanimados. En el plural la forma *they* se usa en todos los casos.

he	*she*	*it*	*they*
man	woman	book	men
boy	girl	house	women

There is y *there are* se traducen como "hay" en inglés. *There is* se emplea con sustantivos singulares o de conjunto, y *there are* se usa con sustantivos en plural. Muchas veces se escribe la forma singular *there is* contraído: *there's*. Por ejemplo:

There is a bird in the garden./There's a bird in the garden.
Hay un pájaro en el jardín.

There are many birds in the garden.
Hay muchos pájaros en el jardín.

There is some milk in the glass./There's some milk in the glass.
Hay leche en el vaso.

Sustantivos de conjunto y de número: En inglés, tanto como en español, hay sustantivos de conjunto (*mass nouns*) que generalmente no se pueden contar (leche, harina, arroz, etc); y sustantivos de número (*count nouns*) que se pueden contar (un lápiz, tres botellas, etc.). Nótese que algunos sustantivos se pueden considerar tanto de número como de conjunto (dos cafés, un helado).

No se usa el artículo indeterminado (*a, an*) delante de los sustantivos de conjunto. En oraciones afirmativas, el artículo indeterminado *some* (unos, algunos) se usa en inglés antes de sustantivos de número en el plural, y antes de sustantivos de conjunto:

    He has some cups.   Él tiene algunas tazas.
    I need some sugar.   Necesito azúcar.

En frases afirmativas, se usa *some*. Se usa *any* en frases negativas. En preguntas se usa *any*. Por ejemplo:

> We have some coffee. Tenemos café.
> We don't have any coffee. No tenemos café.
> Do you have any coffee? ¿Tiene café?

Aunque no se omite el artículo indeterminado *a (an)* delante de un sustantivo de número, se permite omitir *some* o *any* delante de los sustantivos plurales o de conjunto:

> Do you need any rice? ¿Necesita Ud. arroz?
> Do you need rice? ¿Necesita Ud. arroz?

LOS VERBOS

El modo infinitivo del verbo en inglés utiliza *to* + la forma simple del verbo:

> to owe deber
> to laugh reír
> to talk hablar

Para obtener la forma simple, sólo tiene que omitir el *to*.

El presente del indicativo: Para formar el tiempo presente de los verbos en inglés, se usa la forma básica del verbo (por ejemplo, *eat, drink, talk*) con cada persona excepto la tercera persona singular:

> I write we write
> you write you write
>   they write

Para formar la tercera persona singular del verbo, añadimos *-s* o *-es* al final de la forma básica:

> sit: he sits play: she plays

Cambios ortográficos: Cuando un verbo termina en *y* precedida por una consonante, la *y* se transforma en *i*, y se añade la terminación *-es*.

> carry: he carries, she carries, it carries
> study: he studies, she studies, it studies

Tambien se añade *-es* cuando el verbo termina en *-ch*, *-sh*, *-s*, o *-x*:

> watch: he watches
> wish: she wishes
> kiss: he kisses
> tax: she taxes

El presente del verbo *to be* (ser/estar) es irregular.

I am	soy/estoy	we are	somos
you are	eres/Ud. es	you are	Uds. son/sois
he/she/it is	es	they are	son

Otro verbo que es irregular en la tercera persona del presente es *to have* (tener): *he/she/it has* (tiene).

Las contracciones: Hay dos clases básicas de contracciones en inglés: la del sujeto y ciertos verbos auxiliares (*to be, will, would*); y la de ciertos verbos auxiliares (*to be, to do, to have, can, will, would*) y la palabra negativa *not*.

Ejemplos de contracciones de sujeto + verbo:

I am → I'm	we are → we're
you are → you're	you are → you're
he is → he's	they are → they're
she is → she's	
it is → it's	

La contracción del verbo auxiliar del futuro, *will* es *'ll* en cada persona, por ejemplo, *I will* → *I'll, you will* → *you'll*, etc.

Ejemplos de contracciones de verbo auxiliar + *not*:

do not → don't	are not → aren't
is not → isn't	would not → wouldn't
has not → hasn't	have not → haven't
will not → won't	can not → can't

Nótese que no se hace la contracción entre *am* + *not*, aunque se puede decir *I'm not*, con la contracción *I* + *am*. Tampoco se puede contraer cuando el verbo queda al final de la frase como en la respuesta corta: *Yes, they are.*

Los verbos auxiliares en inglés se usan con la forma simple del verbo principal. Los siguientes verbos auxiliares no cambian la tercera persona del singular.

I <u>can</u> do it.	Puedo hacerlo.
We <u>should</u> fix it.	Deberíamos repararlo.
<u>Could</u> we see that?	¿Podríamos ver eso?
You <u>may</u> go now.	Ud. puede irse ahora.
She <u>might</u> think so.	Es posible que ella piense así.
He <u>will</u> sing it.	Él la cantará.
<u>Would</u> he understand it?	¿Él lo entendería?

Los verbos *to be*, *to do*, y *to have* a veces también funcionan como verbos auxiliares:

I <u>am</u> eating.	Yo estoy comiendo.	(forma continua)
He <u>doesn</u>'t eat candy.	Él no come dulces.	(forma negativa)
<u>Do</u> you want it?	¿Lo quiere Ud.?	(forma interrogativa)
She <u>has</u>n't seen it.	Ella no lo ha visto.	(forma perfecta)

El tiempo pasado simple (pretérito) del inglés se forma añadiendo la terminación -<u>ed</u> (o -<u>d</u> cuando la forma básica termina en -<u>e</u>) a la forma básica del verbo regular. Por ejemplo:

you talk → *you talked*   Ud. habla → Ud. habló
they love → *they loved*   aman → amaron

Cuando un verbo termina en *y* precedida por una consonante, la *y* se tranforma en *i* y se añade la terminación -*ed*.

carry → *he carried*   llevar → él llevó
study → *she studied*   estudiar → ella estudió

Las formas del verbo *to be* en el pasado son irregulares:

I was   *we were*
he was   *you were*
she was   *they were*

Hay muchos más verbos en inglés que son irregulares en el pasado. Algunos de los más comunes son:

PRESENT / PAST	PRESENT / PAST	PRESENT / PAST
bring → brought	do → did	feel → felt
catch → caught	go → went	leave → left
teach → taught	meet → met	take → took
buy → bought	eat → ate	wear → wore
think → thought	sell → sold	come → came
swim → swam	get → got	see → saw
run → ran	say → said	know → knew
drink → drank	have → had	drive → drove
begin → began	hear → heard	write → wrote
sit → sat	find → found	choose → chose
		speak → spoke

El tiempo futuro: Existen dos formas de expresar el futuro en inglés:

1) *to be going to* (ir a) + la forma básica del verbo principal:

   We are going to arrive at 3 p.m.   Vamos a llegar a las 3.

2) *will* + la forma básica del verbo principal:

   He will arrive tomorrow.   Llegará mañana.

El participio presente se forma añadiendo la terminación *-ing* a la forma básica del verbo:

   eat → eating   comer → comiendo
   start → starting   comenzar → comenzando

Cuando el verbo termina en *-e*, y es precedida por una consonante, la *-e* se omite antes de añadir *-ing*:

   take → taking   tomar → tomando
   drive → driving   manejar → manejando

Si el verbo sólo tiene una sílaba y termina en una consonante precedida por una vocal precedida por otra consonante, o si el verbo se encuentra acentuade en la última sílaba, se duplica la consonante antes de añadirse la terminación *-ing*:

   sit → sitting   sentarse → sentándose
   plan → planning   planificar → planificando
   permit → permitting   permitir → permitiendo

La forma progresiva del verbo en el presente: consiste en el presente del verbo *to be* y el gerundio del verbo principal:

   We are eating.   Estamos comiendo.
   Joe is writing a letter.   José está escribiendo una carta.

En inglés se usa la forma continua para representar una acción que está ocurriendo en el momento actual o presente; también se puede usar para una acción en el futuro:

   I am going home (now).   Me voy a casa (ahora).
   I am going home tomorrow.   Voy a casa mañana.

El imperativo: Para formar el imperativo singular y plural en inglés se emplea la forma básica del verbo principal. No suele usarse un pronombre del sujeto.

Call me tomorrow.	Llámame mañana.
Read this book.	Lea este libro.
Study these pages.	Estudie estas páginas.

Verbos de dos palabras: Muchos verbos en inglés consisten en dos palabras (un verbo y una preposición) que funcionan como un solo verbo:

to sit down	sentarse
to get up	levantarse
to come out/go out	salir
to put on	ponerse
to come in/go in	entrar

Vocabulary Index

English-Spanish

A
(page)
- about   acerca de (15, 103); aproximadamente (98)
- above .... encima (de); arriba (26, 85)
- accent .... acento (16)
- acceptable ...... admisible (55)
- accident .... accidente (95)
- account .... cuenta (60)
- accountant .... contador (69)
- ache .... dolor (89)
- across from ..... frente de (31)
- actor .... actor (70)
- actually .... en realidad (67)
- address   dirección (4)
- (to) address .... dirigir (48)
- adjective .... adjetivo (49)
- administrator administrador (69)
- adult .... adulto (89)
- advertisement (ad) anuncio (67)
- after .... después (55, 90)
- afternoon .... (la) tarde (5)
- again .... otra vez (50)
- against .... contra (84)
- (to) agree estar de acuerdo (81)
- air .... aire (99)
- air conditioning aire acondicionado (79)
- airmail .... correo aéreo (29)
- airport .... aeropuerto (36)
- aisle .... pasillo (42)
- all .... todo (51, 52)
- all right .... bien (36)
- allergy .... alergia (89)
- allowed .... permitido (79)
- alphabet .... alfabeto (3)
- already .... ya (6)
- also .... también (9)
- altogether .... en total (59)
- always .... siempre (6)
- a.m. .... de la mañana (71)
- ambulance .. ambulancia (95)
- amenities ... amenidades (82)
- American ...... americano (13)
- amount .... cantidad (64)
- and .... y (1)
- animals .... animales (100)
- ankle .... tobillo (88)
- another .... otro (101)
- answer .... respuesta (8)
- (to) answer ..... contestar (15)
- antacid .... anti-ácido (90)
- antibiotics .... antibióticos (94)
- any .... algunos (41, 71)
- anything .... algo (51, 103)
- apartment .. apartamento (77)
- apple .... manzana (39)
- applicant .... candidato (73)
- application . solicitud (72, 73)
- (to) apply (for) ... solicitar (70)
- appointment .... cita (92)
- appropriate .... debida, apropriado (41)
- architect .... arquitecto (69)
- area .... área, región (4, 36)
- arm .... brazo (88)
- around ...... a la vuelta de (31)
- article .... artículo (28, 70)
- (to) ask .... preguntar (79)
- (to) ask for .... pedir (21, 43)
- aspirin .... aspirín (89)
- assembler .... montador, armador (69)
- assignment .... tarea, asignación (21)
- assistant .... asistente (66)
- attic .... desván (91)
- attraction .... atracción (102)
- aunt .... tía (20)
- automatic ..... automático (60)
- available .... disponible (73)
- avenue .... avenida (33)
- (to) avoid .... evitar (90)

B
- back .... espalda (88); trasera (99)
- backache dolor de espalda (89)
- bacon .... tocino (38)
- bad .... malo (76)
- badly .... mal (95)
- bag .... bolsa (47)
- bakery .... panadería (31)
- balance .... saldo (60)
- balcony .... balcón (80)
- banana .... plátano (39)
- bank .... banco (27, 60)
- bartender .... cantinero (68)
- baseball .... béisbol (96)
- basement ..... sótano (74, 80)
- basketball .... baloncesto (96)
- bath .... baño (87)
- bathroom .... baño servicio (74, 78)
- (to) be .... ser, estar (6, 10)
- beach .... playa (33)
- beans .... habas, frijoles judías, habichuelas (39)
- bear .... oso (100)
- beautician ...... esteticista (68)
- beautiful .... hermoso bello (98, 100)
- (to) become .... llegar a ser hacerse (54)
- bed .... cama (84)
- bedroom .... dormitorio (78)
- beef .... carne de res (38)
- before ..... antes (de) (41, 90)
- (to) begin .... empezar (35)
- behind .... detrás de (27)
- beige .... café claro (81)
- below .... abajo (24) debajo de (38)
- belt .... cinturón (46)
- benefits .. benificios (68, 72)
- better .... mejor (43, 89)
- between .... entre (31)
- big .... grande (45)
- bigger .... más grande (45)
- bill .... billete (58); cuenta (62)
- bird .... pájaro (100)
- birth .... nacimiento (93)
- birthday ...... cumpleaños (52)
- black .... negro (48)
- blank .... en blanco (94)
- block .... cuadra (33, 34)
- blond .... rubio (49)
- blouse .... blusa (45)
- blue .... azul (48, 49)
- body .... cuerpo (88, 94)
- bone .... hueso (88)
- book .... libro (7, 8, 29)
- bookkeeper tenedor de libros (69)
- boot .... bota (48)
- boss .... jefe (22)
- bottle .... botella (89)
- bounced check cheque al descubierto (61)
- bowl .... plato hondo (87)
- box .... caja (41, 84)
- boy .... niño, muchacho (68)
- bracelet .... pulsera brazalete (46)
- brain .... cerebro (88)

branch .... *sucursal* (60)
bread .... *pan* (40)
breakfast .... *desayuno* (87)
briefcase .... *maletín,*
            portafolio (44, 47)
briefly .... *brevemente* (35)
bright ..... *claro, luminoso* (79)
(to) bring .... *traer* (71)
broccoli ... *brécol, bróculi* (39)
brother .... *hermano* (19)
brother-in-law ... *cuñado* (20)
brown .... *café* (48)
(to) brush .... *peinarse* (87)
burned .... *quemado* (95)
bus .... *autobús* (36)
bus boy
    ayudante de mesero (68)
business .... *comercio* (83)
busy .... *ocupado* (10)
but .... *pero* (10, 25)
butter .... *mantequilla* (40)
button .... *botón* (64, 75)
by .... *por* (29);
            cerca de (84)
by the way . *a propósito* (101)
bye = goodbye ...... *adios* (21)

C

cabbage .... *col, repollo* (39)
cake .... *torta, pastel* (40)
calendar .... *calendario* (56)
call .... *llamada* (21, 95)
(to) call .... *llamar* (21, 22)
caller .... *llamador* (23)
can .... *poder, puede* (41, 43)
cap .... *tapa* (90)
capital letter ... *mayúscula* (6)
car .... *carro, coche* (71, 95)
card .... *tarjeta* (60, 64)
(to) care (for) .... *cuidar* (68)
(to) be careful
        tener cuidado (58)
carpenter .... *carpintero* (69)
carrot .... *zanahoria* (39)
cassette .... *cinta* (2)
cash .. *dinero en efectivo* (64)
(to) cash .... *convertir*
            en efectivo (61)
cash register
    caja registradora (75)
cashier .... *cajero* (50)
cashier's check .... *cheque de*
            caja (61)
cassette .... *cinta* (2)
cat .... *gato* (14, 15)
cauliflower .... *coliflor* (39)

(to) cause .... *causar* (90)
celery .... *apio* (39)
cent .... *centavo* (29)
center .... *centro* (101)
cereal .... *cereal* (40)
certified .... *certificado* (29)
chair .... *silla* (7, 84)
chalk .... *tiza, gis* (7)
chalkboard .... *pizarra,*
            pizarrón (7)
change .... *cambio* (59)
(to) change .. *cambiar* (6, 35)
channel .... *canal* (103)
chapter .... *capítulo* (1)
charge .... *recargo, carga,*
            coste (60); *crédito* (50)
check .... *cheque* (60)
(to) check .... *verificar,*
            revisar (8)
checking account *cuenta de*
            cheques (60)
cheese .... *queso* (40, 42)
chef .... *jefe de cocina* (67)
chest .... *pecho* (88)
(to) chew .... *masticar* (90)
chicken .... *pollo* (38)
child, children .... *hijo, hija,*
            hijos (14)
chocolate .... *chocolate* (41)
chop .... *chuleta* (38)
chronic .... *crónico* (90)
city .... *ciudad* (5)
class .... *clase* (22, 29)
classified ...... *clasificado* (67)
classmate .... *compañero de*
            clase (7, 65)
classroom .... *clase, aula* (7)
(to) clean .... *limpiar* (76, 86)
cleaning staff .... *persona de*
            limpieza (76)
clearly .... *claramente* (83)
clerk .... *dependiente* (29)
clinic .... *clínica* (27)
clock .... *reloj* (7)
(to) close .... *cerrar* (61, 75)
close (to) ..... *cerca (de)* (77)
closer .... *más cerca* (77)
clothes, clothing ...... *prendas,*
            ropa (27, 44)
cloudy .... *nublado* (98)
club .... *club* (68, 102)
coat .... *abrigo* (44)
code .... *código* (4)
coffee .... *café* (40, 51)
coffee table .... *mesita de*
            centro (85)

coin .... *moneda* (58)
(a) cold ..... *(un) resfriado* (89)
(to be) cold .... *hacer/tener*
            frío (11, 24, 98)
colleague .... *colega* (22)
color .... *color* (48, 81)
(to) come .... *venir* (37, 50)
(to) come to
        ascender a (51)
comedy .... *comedia* (103)
comfortable .... *cómodo* (85)
community . *comunidad* (101)
company .... *compañía* (63)
(to) compare ... *comparar* (43)
(to) complete .... *completar,*
            llenar (5)
complete .... *completo* (15)
computer .. *computadora* (75)
concert .... *concierto* (76)
condition .... *condición* (90)
consonant ... *consonante* (28)
(to) consult ...... *consultar* (90)
(to) contact .... *comunicarse*
            con (36)
contamination
        contaminación (90)
(to) continue ..... *continuar* (2)
contraction .... *contracción* (6)
convenient . *conveniente* (92)
conversation
        conversación (1)
cook .... *cocinero* (66)
cookie ..... *galletica dulce* (40)
copy machine
            fotocopiadora (75)
corn .... *maíz* (39)
corner ... *rincón, esquina* (27)
correct .... *correcto* (15, 18)
(to) cost .... *costar* (43, 59)
(a) cough .... *tos* (89, 92)
(to) cough .... *toser* (90, 94)
courier .... *mensajero* (68)
cousin .... *primo, prima* (20)
cover .... *cubierta* (75)
cow .... *vaca* (100)
crab .... *cangrejo* (38)
cracker ..... *galleta de sal* (40)
(to) crash .... *chocar* (95)
crayon .... *creyon* (59)
cream .... *crema* (81, 90)
creature .... *criatura* (100)
cucumber .... *pepino* (39)
cup .... *taza* (51, 87)
curly .... *rizado* (49)
currently ..... *actualmente* (72)
custodian ...... *encargado* (69)

121

D

daily .... *cada día* (89)
dairy .... *lechero, lácteo* (42)
damage deposit .... *depósito contra daños* (82)
dance .... *baile* (102)
(to) dance ... *bailar* (97, 102)
dark .... *oscuro* (48, 85)
data processor *procesador de datos* (69)
date .... *fecha* (52, 73)
daughter .... *hija* (20)
daughter-in-law ... *nuera* (20)
day .... *día* (53, 72)
(to) decide .... *decidir* (103)
deer ...... *ciervo, venado* (100)
degree .... *grado* (98)
delicious .... *delicioso* (41)
(to) deliver .... *entregar* (83)
delivery .... *entrega* (83)
dentist .... *dentista* (69)
department *departamento* (23)
department store *almacén* (31)
(to) depend (on) ..... *depender (de)* (28)
deposit .... *depósito* (61)
(to) deposit ..... *depositar* (61)
(to) describe .... *describir* (78)
description .. *descripción* (85)
designer .... *diseñador* (69)
desired .... *deseado* (73)
desk .... *escritorio* (7, 8)
detail .... *detalle* (35)
detergent ...... *detergente* (42)
(to) dial .... *marcar (teléfono)* (21)
dictionary ... *diccionario* (102)
difference ..... *diferencia* (103)
different .... *distinto* (103)
difficult .... *difícil* (66)
dime .... *moneda de diez centavos* (58)
dining room ..... *comedor* (80)
dinner *comida, cena* (37, 56)
directions *instrucciones* (34, 89)
directory assistance *telefonista* (21)
disc, disk *disquete, disco* (75)
dish .... *plato* (86)
dishwasher . *friegaplatos* (69)
(to) dissolve *disolver(se)* (90)
divorced .... *divorciado* (73)

(to) do .... *hacer* (14, 66)
doctor .... *médico* (69, 92)
dog .... *perro* (100)
dollar .... *dólar* (58)
door .... *puerta* (7)
dosage .... *dosis* (90)
doughnut .... *rosquilla* (40)
down .... *al final de* (74); *abajo* (75)
downstairs *(piso de) abajo* (99)
downtown .... *centro (de la ciudad)* (37, 66)
drama .... *drama* (103)
drawer ...... *cajón, gaveta* (75)
dream .... *sueño* (82)
dress .... *vestido* (45)
(to) drink .... *beber* (90)
(a) drive .... *un paseo en coche* (100)
driver .... *chofer* (36, 66)
driveway .... *entrada para coches* (80)
drops .... *gotas* (90)
drowsiness *somnolencia* (90)
drugstore .... *farmacia* (27)
dry .... *seco* (98)
due to .... *a causa de* (90)
during .... *durante* (72)
(to) dust .... *sacudir, desempolvar* (86)

E

each .... *cada* (2)
ear .... *oído* (88)
earache .. *dolor de oídos* (89)
earlier ..... *más temprano* (92)
early .... *temprano* (92)
earring . *arete, pendiente* (46)
earthquake ..... *terremoto* (95)
(to) eat .... *comer* (31, 51)
egg .... *huevo* (37, 40)
eighth (8th) .. *octavo (8°)* (18)
either .... *cualquiera de los dos* (8)
elbow .... *codo* (88)
electrician ..... *electricista* (69)
electricity ..... *electricidad* (79)
elementary .... *primario* (21)
else .... *más, otro* (37, 51)
emergency .. *emergencia* (95)
(to) employ .... *emplear* (72)
employee .... *empleado* (74)
employer .... *patrono* (93)
employment .... *empleo, trabajo* (65)

(to) empty .... *vaciar* (86)
end table .... *mesita de costado* (85)
English .... *inglés* (3)
(to) enjoy .... *disfrutar de, aprovechar de* (51, 101)
enough ...... *bastante* (59, 67)
entertainment *entretenimiento* (96)
envelope .... *(un) sobre* (29)
equivalent ..... *equivalente* (9)
eraser .... *borrador* (7)
evening .... *noche* (5, 72)
event ... *acontecimiento* (103)
every .... *cada* (90)
everybody .... *todo el mundo* (87)
everything .... *todo* (78)
exact .... *exacto* (54)
exactly ...... *exactamente* (59)
example .... *ejemplo* (2)
excellent .... *excelente* (72)
except ...... *menos, salvo* (79)
excuse me .... *disculpe* (33)
exercise .... *ejercicio* (2)
expensive .... *caro* (43)
experience .. *experiencia* (68)
(to) explain .... *explicar* (2)
(to) explore ..... *explorar* (100)
expression ..... *expresión* (11)
extension .... *extensión* (23)
extra .... *extra* (50)
eye .... *ojo* (49)

F

face .... *cara* (88)
facing .... *frente a* (34)
factory .... *fábrica* (66)
(to) fall .... *caer* (16)
family .... *familia* (14)
far .... *lejos* (33)
fare .... *pasaje* (36)
fast food .... *comida al instante* (36)
father .... *padre* (19)
father-in-law .... *suegro* (20)
(to) feel .... *sentir* (22)
fever .... *fiebre* (89)
few .... *pocos* (65)
field .... *campo* (96)
fifth (5th) .... *quinto (5°)* (17)
file clerk .... *archivador* (69)
(to) fill .... *llenar* (38)
(to) find .... *encontrar* (43)
fine .... *bien* (10)
finger .. *dedo de la mano* (88)

(to) finish ..... terminar de (86)
fire .... fuego (95)
fireman, firewoman
          bombero (69)
first (1st) .... primero (1°) (5)
fish .... pescado (38)
(to) fit .... quedar, entallar (45)
flat .... sin brillo (81)
flavor .... sabor (41)
flexible .... flexible (68)
flight attendant
     asistente de vuelo (69)
floor ...... piso (74); suelo (86)
flour .... harina (40)
(to) follow .... seguir (2)
following .... siguiente(s) (9)
food .... comida (37)
foot .... pie (88)
football .... fútbol (96)
for .... para (2, 33); por (60)
for rent .... en alquiler,
                 se renta (77)
forecast .... pronóstico (98)
foreman .... capataz (69)
(to) forget .... olvidar (64)
fork .... tenedor (87)
form .... formulario (73)
(to) form .... formar (24)
forward .... adelante (96)
fourth (4th) .... cuarto (4°) (18)
fox .... zorro (100)
free .... gratuito (60)
(to) freeze .... congelar (98)
freezer .... congelador (41)
french fries . papas fritas (51)
fresh .... fresco (100)
friend .... amigo, amiga (1)
fries .... papas fritas (51)
from .... de; desde (12)
front .... parte delantera (85)
(in) front (of) . delante de (88)
front-desk clerk
     empleado de recepción (69)
fruit .... fruta (37, 39)
funds .... fondos (61)
furniture .... muebles (81)

G

game .... juego (97)
game show .... un show de
     competencia (103)
garage .. garaje, cochera (80)
garden .... jardín (66)
gardener .... jardinero (66)
gas .... gas (79)
gas station .... gasolinera (34)

general .... general (35)
(to) get .... obtener,
          coger (36, 41)
(to) get dressed
          vestirse (87)
(to) get ready
          preparar(se) (98)
(to) get to .... llegar a (33)
(to) get up ..... levantarse (87)
girl .... muchacha (28)
(to) give .... dar (34)
glad .... contento (2)
glass ... cristal (75); vaso (87)
glossy .... brilloso (81)
gloves .... guantes (47)
(to) go .... ir (4, 27)
(to) go bike-riding ... andar en
          bicicleta (97)
(to) go dancing
          ir a bailar (97)
(to) go fishing
          ir de pesca (97)
(to) go hiking ...... ir a caminar
          por el campo (100)
(to) go out .... salir (100)
(to) go roller-skating .. patinar
          sobre ruedas (97)
(to) go swimming
          ir a nadar (97)
gold .... dorado (48)
golf .... golf (101)
good .... bueno (4, 67, 76)
goodbye .... adios (21, 71)
grade .... grado (17)
grandchildren .... nietos (20)
granddaughter .... nieta (20)
grandfather .... abuelo (20)
grandmother .... abuela (20)
grandparents .... abuelos (20)
grandson .... nieto (20)
gray (grey) .... gris (48);
          canoso (49)
great .... fantástico (31,100)
green .... verde (48)
green pepper .... pimiento
          verde (39)
grey (gray) .... gris (48);
          canoso (49)
groceries . alimentos (37, 40)
grocery store .... tienda de
          abarrotes (27)
ground beef
          carne molida (38)
(a) guard .... guardia (66)
(to) guess .... adivinar (44)
gum .... chicle (59)

H

hair .... pelo (49)
ham .... jamón (38)
hamburger
          hamburguesa (51)
hand .... mano (88)
handyman .... reparalotodo,
          factótum (69)
happy .... contento, alegre (2)
hardware store
          ferretería (34)
hat .... sombrero (44)
(to) have .... tener (17)
(to) have to ..... tener que (37)
hawk .... halcón (100)
hazel . avellana, castaño (49)
he .... él (6, 9)
head .... cabeza (88)
head of household
     jefe de familia (83)
headache
     dolor de cabeza (89)
health .... salud (88)
(to) hear .... oír (26)
heart .... corazón (88)
heat .... calefacción (79)
hello .... hola (1)
help .... ayuda (43)
(to) help .... ayudar (29)
help wanted
          se necesita (68)
her .... ella (26);
          su(s) (de ella) (5)
here .... aquí (74)
heron .... garza (100)
hi .... hola (1)
him .... el (26)
his .... su(s) (de él) (5)
(to) hit .. golpear, apretar (75)
hobbies ..... pasatiempos (73)
hockey .... hockey (102)
home .... casa; a casa,
     en casa (14, 37)
homework .... tareas
          escolares (14)
honest .... honesto (28)
(to) hope .... esperar (89)
horse .... caballo (100)
hospital ...... hospital (31, 66)
(to be) hot
     hacer/tener calor (11)
hot dog .... perro caliente (38)
hotel .... hotel (31)
hour .... hora (54, 68)
house .... casa (44, 80)

housekeeper
   ama de llaves (69)
how .... como; cómo (10)
how about .... qué parece (12)
how much .... cuanto (59)
how many .... cuantos (78)
how old ... cuantos años (17)
human .... humano (88)
humid .... húmedo (88)
(to) be) hungry
   tener hambre (11)
hurricane .... huracán (98)
(to) hurry ..... darse prisa (87)
(to) hurt ... doler, lastimar (89)

I

I .... yo (1, 6, 10)
ice cream .... helado (40)
ID number .... número de
   identidad (83)
idea .... idea (31, 64)
illustration .... dibujo (7)
I'm (=I am) .... yo soy (6)
(to) imagine ..... imaginar (34)
immediately
   inmediatamente (68)
important ...... importante (43)
(to) improve
   mejorar (66, 94)
in .... en (2, 3)
inanimate ...... inanimado (28)
(to) include .... incluir (60)
included .... incluido (60)
including .... inclusive (83)
indefinite . indefinido (28, 70)
(to) indicate .... indicar (64)
indications
   indicaciones (89)
infection .... infección (92)
information .. información (60)
inside .... adentro (37)
insufficient ... insuficiente (61)
insurance (company)
   (compañía) de seguros (93)
interest .... interés (102)
(to) interest ...... interesar (68)
interesting.... interesante (43)
interpreter .... intérprete (69)
interview .... entrevista (56)
into .... en (90)
(to) introduce .... presentar,
   introducir (65)
irritations ...... irritaciones (90)
it .... él, ella (4)
it's (=it is) .... es; está (4, 6)
item .... cosa (50)

J

jacket .... chaqueta (45, 46)
janitor . conserje, portero (69)
jeans .... jeans (48)
job .... empleo, trabajo (67)
(to) join ...... ingresar en (101)
juice .... jugo (40, 43)
just ...... sólo, simplemente (4)

K

(to) keep .... guardar (100)
ketchup .... catsup (40)
key .... tecla, botón (75); llave
kids = children .... niños (103)
kind .... tipo (43, 67)
kitchen .... cocina (78)
knee .... rodilla (88)
knife .... cuchillo (87)
(to) know
   saber, conocer (60)

L

label .... etiqueta (90)
(to) label
   poner etiquetas (46)
lake .... lago (100)
lamp .... lámpara (84)
language .... idioma;
   lenguaje (10)
large .... grande (51, 78)
last name .... apellido (5)
later .... más tarde (25, 26)
laundromat ... lavandería (27)
laundry .. ropa para lavar (42)
lawyer .... abogado (69)
(to) learn .... aprender (72)
(to) leave .... irse, salir (73)
(to) leave (on)
   dejar (encendido) (99)
left .... izquierda (9)
leg .... pierna (88)
lemon .... limón (39)
less .... menos (43, 59)
(to) let .... permitir (91, 94)
letter .... letra (3); carta (14)
lettuce .... lechuga (39)
librarian ...... bibliotecario (17)
library .... biblioteca (27)
license .... permiso,
   licencia (66)
lid .... cubierta, tapa (75)
(to) lift .... levantar (75)
light .... luz (84);
   (tono) claro (81)

(to) like; I like .... querer (a);
   me gusta (41)
lime .... lima (39)
list .... lista (43)
(to) list ... hacer una lista (86)
(to) listen (to)
   escuchar (14, 98)
little ... poco, poquito (17, 92)
(to) live .... vivir (17)
living room .... sala (14)
local .... local (68)
location .... lugar, sitio (95)
(to) lock .... cerrar a llave (99)
long .... largo (10, 45)
longer .... más largo (45)
look .... mirada (94)
(to) look at .... mirar (9)
(to) look for .... buscar (67)
(to) look forward to ... esperar
   con ilusión (96)
(to) look nice
   estar bonita (45)
loose .... ancho (45)
(to) lose .... perder (58)
a lot of .... mucho (37)
(to) love .... querer, amar (96)
lovely .... amable (101)
luck .... suerte (103)
lunch .... almuerzo (37, 92)
lungs .... pulmones (88)

M

machine .... máquina (64, 75)
magazine .... revista (85)
mail .... correo (29, 83)
mail carrier .... cartero (69)
(to) maintain ... mantener (60)
(to) make .... hacer (43, 75)
mall ..... centro comercial (44)
man .... hombre (28, 70)
manager .... gerente (69)
manicurist ... manicurista (68)
many .... muchos (100)
map .... mapa (7, 32)
marital .... matrimonial (73)
married .... casado (17)
(to) match ...... coordinar (81);
   emparejar (69)
(to) matter ...... importar (103)
may .... puede (21, 29)
maybe .... quizás (44)
me .... me, mí (17, 18)
meal .... comida (51, 94)
meaning .... sentido (6)
meat .... carne (37)
mechanic .... mecánico (69)

medicine .... *medicina* (90)
medium .... *intermedio* (81)
(to) meet .... *encontrar,*
    conocer (1, 96)
member .... *miembro* (20)
memo .... *nota, anotación* (63)
message .... *mensaje* (25)
middle initial .... *inicial del*
    segundo nombre (5)
midnight ..... *medianoche* (54)
milk .... *leche* (37)
milk shake
    batido de leche (51)
minimum .... *mínimo* (61)
minor .... *menor* (90)
mint .... *menta* (41)
minute .... *minuto* (75, 99)
mittens .... *mitones* (48)
model .... *modelo* (69)
modern .... *moderno* (78)
mom .... *mamá* (41)
moment .... *momento* (21)
money .... *dinero* (58)
money order . *giro postal* (62)
month .... *mes* (53)
monthly .... *mensual* (60)
more .... *más* (4, 10, 36)
more than ... *más de* (59, 90)
morning ..... *mañana (hasta el*
    mediodía) (4, 71)
most .... *la mayoría* (17)
mother .... *madre* (14, 19)
mother-in-law ..... *suegra* (20)
motorcycle .. *motocicleta* (68)
mouth .... *boca* (88, 94)
(to) move .... *mover(se)* (75);
    mudarse (83)
movie .... *película* (56, 103)
movie theater .... *cine* (32)
much .... *mucho* (33, 45)
muscle .... *músculo* (88)
museum .... *museo* (27)
mushroom .... *hongo* (39)
must ...... *debe, tiene que* (68)
mustard .... *mostaza* (40)
my .... *mi, mis* (1)
mystery .... *misterio* (103)

N

name .... *nombre* (1)
nanny .... *niñera* (68)
near .... *cerca (de)* (33, 51)
nearby .... *cerca* (31, 32)
nearly .... *casi* (87)
necessary .... *necesario* (9)
neck .... *cuello* (88)

necklace .... *collar* (46)
(to) need .... *necesitar* (36)
(as) needed .... *según sea*
    necesario (90)
negative .... *negativa* (24)
neighborhood *vecindario* (35)
nephew .... *sobrino* (20)
nervous ...... *nervioso* (10, 11)
new .... *nuevo* (2, 9)
news .... *noticias* (103)
newspaper ...... *periódico* (14)
next .... *próximo* (26)
next door .... *la casa de al*
    lado (99)
next to .... *al lado de* (27)
nice .... *agradable* (1, 76)
niece .... *sobrina* (20)
nickel .... *moneda de cinco*
    centavos (58)
night .... *noche* (5, 72)
ninth (9th) ... *noveno (9°)* (18)
no .... *no* (12); *ninguno* (9)
non-smoker . *no fumador* (68)
noon .... *mediodía* (54, 71)
normal .... *normal* (91)
normally .... *normalmente* (10)
nose .... *naríz* (88)
not .... *no* (13, 24)
(to) note .... *notar* (53)
notebook .... *cuaderno* (7)
nothing .... *nada* (76)
(to) notice .... *notar* (77)
noun .... *sustantivo* (15)
now .... *ahora* (2, 25)
number ...... *número* (3, 4, 16)
nurse .... *enfermera* (24, 66)

O

o'clock (6 o'clock) ...... *la hora*
    (las seis) (54)
object .... *objeto* (28)
occupation ... *trabajo* (70, 93)
ocean .... *océano* (33)
of course .... *por supuesto,*
    claro (52)
(to) offer .... *ofrecer* (72)
office .... *oficina* (66, 75)
officer .... *oficial* (60)
oil .... *aceite* (99)
old .... *viejo* (17, 83)
onion .... *cebolla* (39)
only .... *solamente,*
    sólo (59, 83)
(to) open .... *abrir* (60)
opposite .... *frente a* (95)
optician .... *óptica* (69)

orange .... *naranja* (39);
    anaranjado (48)
order .... *porción* (51)
(in) order .... *en orden* (64)
other .... *otro* (40, 54, 60)
otherwise .... *si no,*
    de otra manera (60)
our .... *nuestro* (17)
outfit .... *traje* (44)
outside .... *afuera* (37);
    fuera de (96)
over .... *más de* (60);
    durante (76)
over there .... *allá* (74)

P

pain .... *dolor* (89)
paint .... *pintura* (81)
(to) paint .... *pintar* (81)
painter .... *pintor* (69)
pair .... *par* (44, 50)
pants ..... *pantalones* (46, 50)
pantyhose
    medias de nylon (46)
paper ...... *papel* (7); *periódico*
paragraph ... *párrafo* (35, 76)
parents .... *padres* (19)
park .... *parque* (37)
part .... *parte* (6)
party .... *fiesta* (44, 52)
patio .... *patio* (80)
(to) pay (for) .. *pagar* (59, 62)
peach .... *durazno,*
    melocotón (39)
pear .... *pera* (39)
peas .... *guisantes, arvejas,*
    chícharos (39)
pen .... *bolígrafo, pluma* (7)
pencil .... *lápiz* (7)
pencil sharpener
    sacapuntas (7)
penny .... *penique* (58)
per .... *por* (60)
perfect .... *perfecto* (60)
(to) persist .... *persistir* (90)
(in) person
    personalmente (68)
personal .... *personal* (5)
personnel .... *personal* (71)
pet ..... *animal doméstico* (79)
phone = telephone
    teléfono (4)
photograph .... *foto* (19)
phrase .... *frase* (2)
physician .... *médico* (90)
picnic .... *merienda* (97)

picture .... cuadro (38), dibujo (85)
pig .... cerdo (100)
pill .... comprimido (94)
pilot .... piloto (69)
pink .... rosado (48)
pizza .... pizza (40)
plant .... planta (85)
please .... por favor (4)
plumber .... fontanero, plomero (69)
police station ..... estación de policía (31)
policeman, policewoman policía (69)
policy .... poliza (93)
pool .... piscina (96)
popular .... popular (54)
pork chops .... chuletas de cerdo (38)
position .... puesto (73)
possible .... posible (92)
post office .... correo (29)
post office box .... apartado postal (29)
potato .... papa (39)
potato chips ..... papitas fritas; papitas saladas (40)
poultry .... aves (38)
(to) practice ..... practicar (36)
practice .... práctica (3)
(to) precede .... preceder (28)
(to) prefer .... preferir (68)
(to) prescribe ...... recetar (94)
(to) press .... empujar, apretar (75)
pretty .... bonito (45)
price .... precio (43, 50)
(to) print .... imprimir (83)
problem .... problema (72)
produce .... frutas y hortalizas (42)
programmer programador (69)
pronoun .... pronombre (6)
pronounce ...... pronunciar (5)
(to) provide .... proveer (68)
purple .... púrpura, morado (48)
purse ... bolso (de mujer) (47)
(to) push .... empujar, tocar (64)
(to) put .... poner (75)
(to) put away ..... guardar (86)
(to) put in .... introducir (64)

Q

quarter .... cuarta parte, cuarto (55, 58)
question ...... pregunta (4, 15)
quickly .... rápidamente (72)

R

rabbit .... conejo (100)
racoon .... mapache (100)
radiator .... radiador (99)
(to) rain .... llover (98)
raincoat .... impermeable, gabardina (47)
raisins .... pasas (39)
(to) read .... leer (14)
ready .... listo (87)
real .... verdadero (36)
really ..... en realidad (43, 45)
reason .... razón (73)
receipt .... recibo (50, 64)
recent .... reciente (73)
receptionist recepcionista (22)
record .... archivo (100)
red .... rojo (48)
(to) refer (to) ... refererirse (9)
reference .... referencia (68)
registration form .... tarjeta de matrícula (5)
regular ... regular; normal (29)
(to) relax .... descansar (14)
relief .... alivio (89)
remedy .... remedio (90)
(to) remember recordar, acordarse de (64)
rent .... alquiler (78)
(to) rent .... alquilar (102)
(to) repeat .... repetir (5, 7)
(to) replace .... reponer (9)
(to) represent representar (28)
(to) request ...... solicitar (36)
(to) require .... requerir (68)
responsible responsable (68)
(to) rest .... descansar (101)
restaurant .... restaurante (31)
restrictions restricciones (82)
restroom .. baño, servicio (74)
résumé .... resumen (71)
return key .... tecla de retorno (75)
reunion .... reunión (102)
ribs .... costillas (38)

rice .... arroz (40)
right .... correcto (33), derecha (33)
(to be) right . tener razón (77)
right now ... ahora mismo (25)
river .... río (100)
roast ..... carne para asar (38)
robbed . robado, robaron (95)
roofer .... techador (69)
room .... habitación (80)
route .... ruta (36)
rug .... alfombra (85)
ruler .... regla (7)

S

salary .... sueldo (68)
sale .... venta (43)
salesperson .... vendedor (69)
salon . salón (de belleza) (68)
sausage .... salchicha embutido, chorizo (38)
savings account .... cuenta de ahorros (61)
(to) say .... decir (2, 77, 94)
scarf .... bufanda, chalina (48)
schedule .... horario (36)
school .... escuela (4)
seafood .... mariscos (38)
seat .... asiento, silla (72)
second (2nd) segundo (2°) (18, 74)
secretary .... secretario (69)
section .... sección (42, 68)
security guard ...... guardia de seguridad (66, 68)
(to) see .... ver (33, 51, 71)
(to) select .... escoger (85)
(to) send .... enviar (29)
sentence .. frase, oración (15)
separate .... separadas (6)
serious .... serio (94)
service .... servicio (60, 95)
seventh (7th) séptimo (7°) (18)
shampoo .... champú (42)
she .... ella (6)
sheep .... oveja (100)
shelf .... estante (84)
shirt .... camisa (46)
shoe .... zapato (46)
shopping .... compras (37)
shopping mall .... centr comercial (36)
short .... corto (45)
shorter .... más corto (45)

should .... debe (84)
shoulder .... hombro (88)
show .... programa (103)
(to) show .... mostrar (64)
shower .... ducha (87)
shrimp .... camarón (38)
(to) shut .... cerrar (99)
side .... lado; cara (1)
sign . letrero (43); indicio (90)
(to) sign .... firmar (83)
signature ...... firma (63, 73)
silver .... plateado (48)
single .... soltero (17); sólo
sir .... señor (4)
sister .... hermana (17)
sister-in-law ...... cuñada (20)
(to) sit (down) .. sentarse (87)
sixth (6th) ...... sexto (6°) (18)
size .... tamaño, talla (45)
skirt .... falda (45)
(to) sleep .... dormir (14)
(to be) sleepy
            tener sueño (11)
slight .... ligero (94)
slot .... abertura, ranura (64)
small .... pequeño (45)
smaller ..... más pequeño (45)
(to) smell .... oler (100)
snacks .... tentempiés (40)
snake .... culebra (100)
(to) sneeze ... estornudar (94)
(to) snow .... nevar (98)
so .. y por tanto (43); tan (76);
  para que (66); así que (22)
soap .... jabón (42)
soap opera .... novela (de
         televisión) (103)
soccer .... fútbol (96)
social security ...... seguridad
                     social (67)
socks .... calcetines (46)
soda ... refresco gaseoso (40)
soda machine ..... máquina de
            refrescos (74)
sofa .... sofá (84)
some .... algunos; unos (37)
someplace else .... en otro
                     lugar (37)
something .... algo (37)
son .... hijo (17)
son-in-law .... yerno (20)
soon .... pronto (89)
sore .... doloroso, irritado (91)
(I'm) sorry .... lo siento (22)
sound .... sonido (28)
(to) sound .... sonar (97, 102)

(to) sound like ... parecer (31)
spacious .... espacioso (79)
Spain .... España (13)
Spanish .... español (6)
special .... especial (76)
specific .... específico (35)
(to) spell .... deletrear (4)
(to) spend .... gastar (58)
spices .... especies (40)
spoken .... hablado (10)
spoon .... cuchara (87)
sport .... deporte (96)
(to) squeeze .... apretar (90)
squirrel .... ardilla (100)
stadium .... estadio (96)
staff .... personal (68)
stairs .... escalera (99)
stamp .... estampilla (29)
star .... estrella (28)
(to) start .... empezar (57)
starving .... muriendo de
                hambre (31)
state .... estado (5)
station .... estación (37)
status .... estado (73)
(to) stay . quedarse (76, 101)
steak .... bistec (38)
stockings .... medias (47)
stomach .... estómago
stomach-ache .... dolor de
                estómago (88)
stop .... parada (36)
(to) stop .... parar (36)
store .... tienda (37)
storm .... tormenta (98)
straight .... liso (33);
                     derecho (33)
strawberry .... fresa (39)
street .... calle (4)
string beans ... judías verdes,
          habichuelas verdes (39)
student .... alumno (7)
(to) study .... estudiar (6, 17)
stylist .... peluquero (68)
subject .... sujeto (6)
(to) substitute .... substituir (2)
sugar .... azúcar (40)
suit .... traje (47)
sunny .... soleado (98)
supermarket
       supermercado (37, 43)
supplies .... provisiones (58)
supply room .... bodega de
                 provisiones (74)
sure ... claro (17); seguro (31)
surface .... superficie (90)

sweater .... suéter, jersey (48)
(to) sweep .... barrer (86)
(to) swim .... nadar (97)
(a) switch ...... interruptor (75)
syllable .... sílaba (16)
symptoms .... síntomas (90)
syrup .... jarabe (90)

T

table .... mesa (7)
tablets .... comprimidos (90)
(to) take .... tomar (25);
              llevar (44)
tall .... alto (85)
tax .... impuesto (50)
teacher maestro, maestra (7)
team .... equipo (96)
teaspoonful . cucharadita (90)
teeth .... dientes (88)
telephone .... teléfono (21)
television .... televisión;
              televisor (14)
(to) tell . contar, decir (17, 54)
teller .... cajero (60)
temperature temperatura (91)
temporary .... temporal (89)
terrible .... terrible (76, 89)
test .... examen (66)
thank you ... gracias (92, 94)
thanks .... gracias (33, 101)
that .... que (6); ese, esa (84);
              ése, ésa, eso (81)
theater (theatre) ... teatro (31)
their .... su(s) (de ellos) (5)
them .... los, las (19);
              ellos, ellas (26)
then .... luego (26);
              entonces (78)
there .... allí (25, 74)
there are, there is .... hay (33)
these .... estos, estas (49)
they .... ellos, ellas (6)
thing .... cosa (44)
(to) think .... pensar (20, 45)
third (3rd) .... tercero (3°) (17)
(to be) thirsty .. tener sed (11)
this .... este, esta (5);
              éste, ésta (1)
throat .... garganta (88)
through .... a través de (72)
thumb .... pulgar (88)
tie .... corbata (44)
time .... vez (43); hora (52)
tip .... punta, aplicador (90)
tire .... llanta, neumático (99)
tired .... cansado (10)

127

title .... *título* (69)
to the order of
      a nombre de (63)
today .... *hoy* (22)
toe .... *dedo del pie* (88)
together .... *juntos* (14, 27)
tomato .... *tomate* (39)
tonight .... *esta noche* (37)
too .... *también* (1)
tooth .... *diente* (88)
toothache .... *dolor de muela* (89)
toothpaste ...... *dentífrico* (42)
tornado .... *tornado* (98)
total .... *total* (59)
toy .... *juguete* (86)
training ... *entrenamiento* (68)
transaction ..... *operación* (60)
transfer .... *una solicitud de transbordo* (36)
(to) transfer .... *trasladar, transferir* (61)
transit .... *transporte* (36)
(to) translate .... *traducir* (6)
translator .... *traductor* (69)
travel agent .... *agente de viajes* (69)
traveler's check .... *cheque de viajeros* (61)
treats .... *dulces* (40)
trip .... *viaje* (99)
(to) try ... *intentar; probar* (21)
(to) try on .... *probarse* (45)
tuna .... *atún* (38)
turkey .... *pavo* (38)
(to) turn off .... *apagar* (75)
(to) turn on ...... *encender* (75)
TV .... *televisor, televisión* (103)
typewriter .... *máquina de escribir* (75)

U

umbrella .... *paraguas* (47)
uncle .... *tío* (20)
under .... *debajo de* (85); *menos de* (89)
underlined .... *subrayada* (2)
(to) understand *entender* (33)
uniform .... *uniforme* (68)
university .... *universidad* (68)
unleaded .... *sin plomo* (99)
until .... *hasta* (98)
upstairs .... *arriba, piso de arriba* (99)
us .... *nosotros* (26)

(to) use .... *usar* (15)
useful .... *útil* (43)
usually .... *usualmente* (54)
utilities .... *servicios (agua, electricidad y gas)* (78)

V

(to) vacuum .... *limpiar con aspiradora* (86)
van .... *camioneta, vagoneta* (68)
vegetable .... *vegetal, verdura* (37)
verb .... *verbo* (6)
very .... *muy* (33, 54)
virus .... *virus* (90)
(to) visit .... *visitar* (57)
vocabulary .... *vocabulario* (1)
vowel .... *vocal* (3)
vulture .... *buitre* (100)

W

(to) wait (for) ..... *esperar* (92)
waiter .... *mesero* (74)
waitress .... *mesera* (74)
walk .... *paseo (a pie)* (100)
(to) walk .... *andar* (33, 34)
wall .... *pared, muro* (84)
(to) want .... *querer* (29)
warm .... *tibio* (98)
warning .... *advertencia* (89)
(to) wash .... *lavar* (86)
(to) waste .... *malgastar* (58)
wastebasket .... *cesta* (86)
watch .... *reloj de pulsera* (49)
(to) watch .... *mirar* (103)
water .... *agua* (79)
way ... *dirección, camino* (33); *manera* (54)
we ...... *nosotros, nosotras* (6)
weather .... *tiempo* (101)
wedding .... *boda* (102)
week .... *semana* (26)
weekend . *fin de semana* (76)
welcome .... *bienvenido* (1)
well .... *pues* (17)
what .... *qué* (8); *cuál* (4)
what's (=what is) . *qué es* (8); *cuál es* (4)
what about .. *qué parece* (17)
whatever .... *cualquier; lo que sea* (103)
where .... *dónde; donde* (12)
which .... *que, cual(es)* (6, 36)
while .... *mientras* (92)
white .... *blanco* (48)

why .... *por qué* (45)
widowed .... *enviudado* (73)
wife .... *esposa* (17)
window .... *ventana* (7)
with .... *con* (5)
withdrawal .... *retiro* (60)
wonderful ...... *estupendo* (76)
woodchuck .... *marmota de América* (100)
word .... *palabra* (2)
work .... *trabajo* (22)
(to) work .... *trabajar* (66)
(to) worry ... *preocuparse* (94)
wow .... *caramba* (100)
(to) write (I wrote)*escribir* (3), *(escribí)* (76)
wrong .... *equivocado* (23)

Y

yard .... *patio* (80)
year .... *año* (53)
yellow .... *amarillo* (48)
yes .... *sí* (13)
yesterday .... *ayer* (101)
yet .... *ya* (67)
yogurt .... *yogurt* (40)
you .... *usted(es), ti* (4)
you're (= you are) ...... *Ud. es, está; tú eres, estás; Uds. son, están* (6)
your .... *su(s) (de Ud./Uds.), tu(s)* (4)

Z

zip code .... *zona postal* (4)
zoo ..... *(jardín) zoológico* (76)
zucchini .... *calabacín* (39)

Español-Inglés

A
(page)

abajo .. below (24), down (75)
abertura .... slot (64)
abogado .... lawyer (69)
abrigo .... coat (44)
abrir .... to open (60)
abuela ...... grandmother (20)
abuelo .... grandfather (20)
abuelos ... grandparents (20)
accidente .... accident (95)
aceite .... oil (99)
acento .... accent (16)
acerca de ..... about (15, 103)
acontecimiento ... event (103)
acordarse de
 to remember (64)
actor .... actor (70)
actualmente ..... currently (72)
(de) acuerdo .... OK (77)
adelante .... forward (96)
adentro .... inside (37)
adios .... goodbye (21, 71)
adivinar .... to guess (44)
adjetivo .... adjective (49)
administrador
 administrator (69)
admisible ...... acceptable (55)
adulto .... adult (89)
advertencia .... warning (89)
(correo) aéreo ..... airmail (29)
aeropuerto .... airport (36)
afuera .... outside (37)
agente (de viajes)
 (travel) agent (69)
agradable .... nice (1, 76)
agua .... water (79)
ahora .... now (2, 25)
aire .... air (99)
aire acondicionado
 air conditioning (79)
alegre .... happy (2)
alergia .... allergy (89)
alfabeto .... alphabet (3)
alfombra .... rug (85)
algo .... anything (51);
 something (37)
algunos .... any (41, 71);
 some (37)
alimentos .. groceries (37, 40)
alivio .... relief (89)
allí .... there (25, 74)
almacén
 department store (31)

almuerzo .... lunch (37, 92)
alquilar .... to rent (102)
(en) alquiler for rent (77, 78)
alto .... tall (85)
alumno .... student (7)
ama de llaves
 housekeeper (69)
amable .... lovely (101)
amar .... to love (96)
amarillo .... yellow (48)
ambulancia .. ambulance (95)
amenidades ... amenities (82)
americano ...... American (13)
amiga, amigo .... friend (1)
anaranjado .... orange (48)
ancho .... loose (45)
andar en bicicleta .... to go
 bike-riding (97)
andar .... to walk (33, 34)
animal .... animal (100)
animal doméstico ..... pet (79)
anotación .... memo (63)
antes .... before (41, 90)
anti-ácido .... antacid (90)
antibióticos .... antibiotics (94)
anuncio ... advertisement (67)
año .... year (53)
apagar .... to turn off (75)
apartado postal
 post office box (29)
apartamento .. apartment (77)
apellido .... last name (5)
apio .... celery (39)
aplicador .... tip (90)
aprender .... to learn (72)
apretar ...... to squeeze, to hit,
 to press (75, 90)
apropriado ... appropriate (41)
aprovechar de
 to enjoy (51, 101)
aproximadamente about (98)
aquí .... here (74)
archivador ...... (file) clerk (69)
archivo .... record (100)
ardilla .... squirrel (100)
arete .... earring (46)
armador .... assembler (69)
arquitecto .... architect (69)
artículo .... article (28, 70)
arrendar .... to rent (78)
arriba .... upstairs (99)
arroz .... rice (40)
arvejas .... peas (39)
así que .... so (22)
asiento .... seat (72)
asignación .. assignment (21)

asistente .... assistant (66)
asistente de vuelo .... flight
 attendant (69)
aspirín .... aspirin (89)
atracción ..... attraction (102)
atún .... tuna (38)
autobús .... bus (36)
automático ..... automatic (60)
avellana .... hazel (49)
avenida .... avenue (33)
aves .... poultry (38)
ayer .... yesterday (101)
ayuda .... help (43)
ayudante de mesero
 bus boy (68)
ayudar .... to help (29)
azúcar .... sugar (40)
azul .... blue (48, 49)

B

bailar .... to dance (97, 102)
baile .... dance (102)
balcón .... balcony (80)
baloncesto .... basketball (96)
banco .... bank (27, 60)
baño ..... bath (87); bathroom,
 restroom (74, 78)
barrer .... to sweep (86)
bastante ...... enough (59, 67)
batido de leche
 milk shake (51)
beber .... to drink (90)
béisbol .... baseball (96)
benificios .... benefits (68, 72)
biblioteca .... library (27)
bibliotecario ...... librarian (17)
bien .... all right (36), fine (10)
bienvenido .... welcome (1)
billete .... bill (58)
bistec .... steak (38)
blanco . white (48), blank (94)
blusa .... blouse (45)
boca .... mouth(88, 94)
bocadillo .... snack (40)
boda .... wedding (102)
bodega de provisiones
 supply room (74)
bolígrafo .... pen (7)
bolsa .... bag (47)
bolso (de mujer) ... purse (47)
bombero .... fireman,
 firewoman (69)
bonito .... pretty (45)
borrador .... eraser (7)
bota .... boot (48)
botella .... bottle (89)

129

botón ...... button, key (64, 75)
brazalete .... bracelet (46)
brazo .... arm (88)
brécol .... broccoli (39)
brevemente .... briefly (35)
brilloso .... glossy (81)
bróculi .... broccoli (39)
bueno .... good (4, 67, 76)
bufanda .... scarf (48)
buitre .... vulture (100)
buscar .... to look for (67)

C

caballo .... horse (100)
cabeza .... head (88)
cada ...... each (2); every (90)
cada día .... daily (89)
caer .... to fall (16)
café .... coffee (40, 51); brown (48)
café claro .... beige (81)
caja .... box (41, 84)
caja registradora
  cash register (75)
cajero.cashier, teller (50, 60)
cajón .... drawer (75)
calabacín .... zucchini (39)
calcetín .... sock (46)
calefacción .... heat (79)
calendario .... calendar (56)
(hacer/tener) calor
  (to be) hot (11)
calle .... street (4)
cama .... bed (84)
camarón .... shrimp (38)
cambiar ...... to change (6, 35)
cambio .... change (59)
camino .... way (33)
camioneta .... van (68)
camisa .... shirt (46)
campo .... field (96)
canal .... channel (103)
candidato .... applicant (73)
cangrejo .... crab (38)
canoso .... grey, gray (48, 49)
cansado .... tired (10)
cantidad .... amount (64)
cantinero .... bartender (68)
capataz .... foreman (69)
capítulo .... chapter (1)
cara .... face (88)
caramba .... wow (100)
carga .... charge (60)
carne (molida)
  (ground) meat (37)
carne para asar ..... roast (38)

caro .... expensive (43)
carpintero ...... carpenter (69)
carta .... letter (14)
cartero .... mail carrier (69)
carro .... car (71, 95)
casa .... house, home (44, 80)
casa de al lado next door (99)
casado .... married (17)
casi .... nearly (87)
castaño chestnut, brown (48)
catsup .... ketchup (40)
(a) causa de .... due to (90)
causar .... to cause (90)
cebolla .... onion (39)
cena .... dinner (37, 56)
centavo .... cent (29)
centro .... center (101)
centro (de la ciudad)
  downtown (37, 66)
centro comercial
  (shopping) mall (44)
cerca (de) .... close to (77); near (33, 51), nearby (31, 32)
cerdo .... pig (100)
cereal .... cereal (40)
cerebro .... brain (88)
cerrar ... to close, to shut (99)
cerrar a llave ...... to lock (99)
certificado .... certified (29)
cesta .... wastebasket (86)
ciervo .... deer (100)
cine .... movie theater (32)
cinta .... cassette (2)
cinturón .... belt (46)
cita .... appointment (92)
ciudad .... city (5)
claramente .... clearly (83)
claro .... bright (79); sure, of course (52)
clase .... class (22, 29)
clasificado ..... classified (67)
clínica .... clinic (27)
club .... club (68, 102)
cocina .... kitchen (78)
cocinero .... cook (66)
coche .... car (71, 95)
cochera .... garage (80)
código .... code (4)
codo .... elbow (88)
coger .... to get (36, 41)
col .... cabbage (39)
colega .... colleague (22)
coliflor .... cauliflower (39)
collar .... necklace (46)
color .... color (48, 81)

comedia .... comedy (103)
comedor ..... dining room (80)
comenzar .... to start (57)
comer .... to eat (31, 51)
comercio .... business (83)
comida .... food, meal, dinner (37, 51, 56)
comida al instante
  fast food (36)
como .... how (10)
cómodo .... comfortable (85)
compañero de clase
  classmate (7, 65)
compañía (de seguros)
  (insurance) company (63)
comparar ..... to compare (43)
completar ...... to complete (5)
completo .... complete (15)
compras .... shopping (37)
comprimido .... pill (94), tablet (90)
computadora .. computer (75)
comunicarse con
  to contact (36)
comunidad . community (101)
con .... with (5)
concierto .... concert (76)
condición .... condition (90)
conejo .... rabbit (100)
congelador .... freezer (41)
congelar .... to freeze (98)
conocer .... to know (60); to meet (1, 96)
conserje .... janitor (69)
consonante ... consonant (28)
consultar .... to consult (90)
contador .... accountant (69)
contaminación
  contamination (90)
contar .... to tell (17, 54)
contento .... glad, happy (2)
contestar .... to answer (15)
continuar .... to continue (2)
contra .... against (84)
contracción .... contraction (6)
conveniente . convenient (92)
conversación
  conversation (1)
convertir en efectivo
  to cash (64)
coordinar .... to match (81)
corazón .... heart (88)
corbata .... tie (44)
correcto ..... right, correct (33)
correo .... post office (29); mail (83)

130

correo aéreo ...... airmail (29)
corto .... short (45)
cosa ...... item, thing (44, 50)
costar ...... to cost (43, 59)
coste .... charge (60)
costillas .... ribs (38)
crema .... cream (81, 90)
creyon .... crayon (59)
criatura .... creature (100)
cristal .... glass (75)
crónico .... chronic (90)
cuaderno .... notebook (7)
cuadra .... block (33, 34)
cuadro .... picture (38)
cual, cual(es) .... what (4),
    which (6, 36)
cualquier ..... whatever (103)
cualquiera de los dos
    either (8)
cuanto .... how much (59)
cuarto (4°) ... fourth (4th) (18);
    quarter (55, 58)
cubierta .... cover, lid (75)
cuchara .... spoon (87)
cucharadita . teaspoonful (90)
cuchillo .... knife (87)
cuello .... neck (88)
cuenta .. account, bill (60, 62)
cuenta de ahorros .... savings
    account (61)
cuenta de cheques
    checking account (60)
cuerpo .... body (88, 94)
cuidar .... to care (for) (68)
culebra .... snake (100)
cumpleaños ...... birthday (52)
cuñada .... sister-in-law (20)
cuñado .... brother-in-law (20)

CH

chalina .... scarf (48)
champú .... shampoo (42)
chaqueta ...... jacket (45, 46)
cheque .... check (60)
cheque al descubierto
    bounced check (61)
cheque de caja
    cashier's check (61)
cheque de viajeros
    traveler's check (61)
chicle .... gum (59)
chícharos .... peas (39)
chocar .... to crash (95)
chocolate .... chocolate (41)
chofer .... driver (36, 66)
chorizo .... sausage (38)

chuleta .... chop (38)

D

daños .... damage (82)
dar .... to give (34)
darse prisa ...... to hurry (87)
de .... of, from (12)
debajo de .... under (85)
debe .. should (84), must (68)
debida ...... appropriate (41)
decidir .... to decide (103)
decir ...... to say (2, 77, 94),
    to tell (17, 54)
dedo de la mano .. finger (88)
dedo del pie .... toe (88)
dejar (encendida)
    to leave (on) (99)
delante de ...... in front of (88)
deletrear .... to spell (4)
delicioso .... delicious (41)
dentífrico ...... toothpaste (42)
dentista .... dentist (69)
departamento
    department (23)
depender (de)
    to depend (on) (28)
dependiente .... clerk (29)
deporte .... sport (96)
depositar .... to make a
    deposit (61)
depósito .... deposit (61)
derecha .... right (33)
derecho .... straight (33)
desayuno ...... breakfast (87)
descansar .... to relax,
    to rest (14, 101)
describir ...... to describe (78)
descripción .. description (85)
desde .... from (12)
deseado .... desired (73)
desempolvar ..... to dust (86)
después .... after (55, 90)
desván .... attic (80)
detalle .... detail (35)
detergente ...... detergent (42)
detrás de .... behind (27)
día .... day (53, 72)
dibujo .... illustration (7),
    picture (38, 85)
diccionario ... dictionary (102)
diente .... tooth (88)
diferencia ..... difference (103)
difícil .... difficult (66)
dinero .... money (58)
dinero en efectivo .. cash (64)

dirección .... address (4)
    way (33)
dirigir .... to address (48)
disco .... disc/disk (75)
disculpe .... excuse me (33)
diseñador .... designer (69)
disfrutar de
    to enjoy (51, 101)
disolver(se) .. to dissolve (90)
disponible ...... available (73)
disquete .... disc, disk (75)
distinto .... different (103)
divorciado ...... divorced (73)
(al) doblar la esquina de
    around the corner from (31)
dólar .... dollar (58)
doler .... to hurt (89)
dolor .... pain, ache (89)
dolor de cabeza
    headache (89)
dolor de espalda
    backache (89)
dolor de estómago
    stomach-ache (88)
dolor de muela
    toothache (89)
dolor de oídos .. earache (89)
doloroso .... sore (91)
donde .... where (12)
dorado .... gold (48)
dormir .... to sleep (14)
dormitorio .... bedroom (78)
dosis .... dosage (90)
drama .... drama (103)
ducha .... shower (87)
dulces .... treats (40)
durante .... during (72)
durazno .... peach (39)

E

ejemplo .... example (2)
el .... the (2)
él .... he (6); it (4); him (26)
electricidad ..... electricity (79)
electricista .... electrician (69)
ella ..... she (6); it (4); her (26)
ellas .... they (6); them (f) (26)
ellos .. they (6); them (m) (26)
embutido .... sausage (38)
emergencia .. emergency (95)
emparejar ...... to match (69)
empezar .... to begin,
    to start (35)
empleado de recepción
    front-desk clerk (69)
emplear .... to employ (72)

empleo ...... employment (65),	estar .... to be (6)	(hacer/tener) frío
job (67)	estar de acuerdo	(to be) cold (11, 24, 98)
empujar .... to press (75),	to agree (81)	fruta .... fruit (37, 39)
to push (64)	estas .... these (49)	frutas y hortalizas
en .... in (2); into (90)	éste .... this (1)	produce (42)
encargado ...... custodian (69)	esteticista ..... beautician (68)	fuego .... fire (95)
encender .... to turn on (75)	estómago .... stomach (88)	fútbol ..... football, soccer (96)
encontrar .... to find,	estornudar ..... to sneeze (94)	
to meet (43)	estos ....these (49)	**G**
enfermera ...... nurse (24, 66)	estudiar .... to study (6, 17)	gabardina .... raincoat (47)
entallar .... to fit (45)	estupendo ..... wonderful (76)	galleta de sal ..... cracker (40)
entender .. to understand (33)	evitar .... to avoid (90)	galletica dulce ..... cookie (40)
entonces .... then (78)	exactamente ...... exactly (59)	garaje .... garage (80)
entrada para coches	exacto .... exact (54)	garganta .... throat (88)
driveway (80)	examen .... test (66)	garza .... heron (100)
entre .... between (31)	excelente .... excellent (72)	gas .... gas (79)
entrega .... delivery (83)	experiencia .. experience (68)	gaseoso .... soda (40)
entregar .... to deliver (83)	explicar .... to explain (2)	gasolinera .... gas station (34)
entrenamiento ... training (68)	explorar .... to explore (100)	gastar .... to spend (58)
entretenimiento	expresión ..... expression (11)	gato .... cat (14)
entertainment (96)	extensión .... extension (23)	gaveta .... drawer (75)
entrevista .... interview (56)	extra .... extra (50)	general .... general (35)
enviar .... to send (29)		gerente .... manager (69)
enviudado .... widowed (73)	**F**	giro (postal)
equipo .... team (96)	fábrica .... factory (66)	money order (62)
equivalente ..... equivalent (9)	factótum .... handyman (69)	gis .... chalk (7)
equivocado .... wrong (23)	falda .... skirt (45)	golf .... golf (101)
esa, ésa .... that (81, 84)	familia .... family (14)	golpear .... to hit (75)
escalera .... stairs (99)	fantástico .... great (31)	gotas .... drops (90)
escoger .... to select (85)	farmacia .... drugstore (27)	gracias .... thank you (92)
escribir .... to write (3)	fecha .... date (52)	thanks (33)
escritorio .... desk (7, 8)	ferretería	grado .... degree (98)
escuchar .... to listen to (14)	hardware store (34)	grade (17)
escuela .... school (4)	fiebre .... fever (89)	grande ...... big, large (45, 51)
ese, ése .... that (81, 84)	fiesta .... party (44)	gratuito .... free (60)
espacioso .... spacious (79)	fin de semana . weekend (76)	gris .... grey, gray (48)
espalda .... back (88)	(al) final de ...... down (74, 75)	guantes .... gloves (47)
español .... Spanish (6)	firma .... signature (63, 73)	guardar .... to keep (100)
especial .... special (76)	firmar .... to sign (83)	to put away (86)
especies .... spices (40)	flexible .... flexible (68)	guardia (de seguridad)
específico .... specific (35)	fondos .... funds (61)	(security) guard (66)
esperar .... to hope (89),	fontanero .... plumber (69)	guisantes .... peas (39)
to wait for (92)	formar .... to form (24)	gustar: me gusta .... I like (41)
esperar con ilusión	formulario .... form (73)	
to look forward to (96)	foto .... photograph (35, 76)	**H**
esposa .... wife (17)	fotocopiadora	haba .... bean (39)
esquina .... corner (27)	copy machine (75)	habichuela verde
esta, ésta .... this (1, 5)	frase .... phrase (2),	string bean, green bean (39)
esta noche .... tonight (37)	.... sentence (15)	habitación .... room (80)
estación .... station (37)	frente a .... facing (34),	hablado .... spoken (10
estación de policía	opposite (95)	hacer .... to do (14)
police station (31)	frente de ..... across from (31)	to make (43
estadio .... stadium (96)	fresa .... strawberry (39)	hacerse .... to become (54
estado .. state (5); status (73)	fresco .... fresh (100)	halcón .... hawk (100
estampilla .... stamp (29)	friegaplatos . dishwasher (69)	hamburguesa
estante .... shelf (84)	frijoles .... beans (39)	hamburger (51

132

harina .... flour (40)
hasta .... until (98)
hay ..... there are/there is (33)
helado .... ice cream (40)
hermana .... sister (17)
hermano .... brother (19)
hermoso .... beautiful (98)
hija
  daughter (17), child (14)
hijo .... son (17), child (14)
hijos .... children (17)
hockey .... hockey (102)
hola .... hello, hi (1)
hombre .... man (28, 70)
hombro .... shoulder (88)
honesto .... honest (28)
hongo .... mushroom (39)
hora .... hour (54, 68)
horario .... schedule (36)
hortalizas ..... vegetables (37)
hospital .... hospital (31, 66)
hotel .... hotel (31)
hoy .... today (22)
hueso .... bone (88)
huevo .... egg (37, 40)
humano .... human (88)
húmedo .... humid (88)
huracán .... hurricane (98)

I

idea .... idea (31, 64)
idioma .... language (10)
imaginar .... to imagine (34)
impermeable ..... raincoat (47)
importante ...... important (43)
importar .... to matter (103)
imprimir .... to print (83)
impuesto .... tax (50)
inanimado ...... inanimate (28)
incluido .... included (60)
incluir .... to include (60)
inclusive .... including (83)
incluyendo ...... including (83)
indefinido .. indefinite (28, 70)
indicaciones
                    indications (89)
indicar .... to indicate (64)
indicio .... (a) sign (90)
infección .... infection (92)
información .. information (60)
inglés .... English (3)
ingresar en .... to join (101)
inicial (del segundo nombre)
              (middle) initial (5)
inmediatamente
            immediately (68)

instrucciones
              directions (34, 89)
insuficiente ... insufficient (61)
intentar; probar ...... to try (21)
interés .... interest (68)
interesante .... interesting (43)
interesar .... to interest (68)
intermedio .... medium (81)
intérprete ..... interpreter (69)
interruptor ...... (a) switch (75)
introducir .... to put in, (64)
              to introduce (65)
ir .... to go (4, 27)
ir a bailar . to go dancing (97)
ir a caminar por el campo
              to go hiking (100)
ir a nadar
              to go swimming (97)
ir a patinar sobre ruedas
              to go roller-skating (97)
ir de pesca . to go fishing (97)
irritaciones ...... irritations (90)
irritado .... sore (91)
izquierda .... left (9)

J

jabón .... soap (42)
jamón .... ham (38)
jarabe .... syrup (90)
jardín .... garden (66)
jardín zoológico .... zoo (76)
jardinero .... gardener (66)
jeans .... jeans (48)
jefe .... boss (22)
jefe de cocina .... chef (67)
jefe de familia
              head of household (83)
jersey .... sweater (48)
judía .... bean (39)
judía verde .... green bean,
              string bean (39)
juego .... game (97)
jugo .... juice (40, 43)
juguete .... toy (86)
juntos .... together (14, 27)

L

lácteo .... dairy (42)
lado .... side (1)
(al) lado de .... next to (27)
lago .... lake (100)
lámpara .... lamp (84)
lápiz .... pencil (7)
largo .... long (10, 45)
lastimar .... to hurt (89)
lavandería ... laundromat (27)

lavar .... to wash (86)
leche .... milk (37)
lechero .... dairy (42)
lechuga .... lettuce (39)
leer .... to read (14)
lejos .... far (33)
lenguaje .... language (10)
letra .... letter (3)
letrero .... (a) sign (83)
levantar .... to lift (75)
levantarse .... to get up (87)
libro .... book (7)
licencia .... license (66)
ligero .... slight (94)
lima .... lime (39)
limón .... lemon (39)
limpiar .... to clean (76, 86)
limpiar con aspiradora
              to vacuum (86)
liso .... straight (33)
lista .... list (43)
listo .... ready (87)
lo siento .... (I'm) sorry (22)
local .... local (68)
luego .... then (26)
lugar .... location (95)
luminoso .... bright (79)
luz .... light (84)

LL

llamada .... call (21, 95)
llamador .... caller (23)
llamar .... to call (21, 22)
llanta .... tire, wheel (99)
llegar a ser ... to become (54)
llenar .... to fill (38)
llover .... to rain (98)

M

madre .... mother (14, 19)
maestro .... teacher (7)
maíz .... corn (39)
mal .... bad (76), badly (95)
maletín .... briefcase (44)
malgastar .... to waste (58)
malo .... bad (76)
mamá .... mom (41)
manera .... way (54)
manicurista ... manicurist (68)
mano .... hand (88)
mantener ..... to maintain (60)
mantequilla .... butter (40)
manzana .... apple (39)
mañana .... morning (hasta
              el mediodía) (4, 71)
mapa .... map (7, 32)

133

mapache .... racoon (100)	mientras .... while (92)	no .... no (12), not (13, 24)
máquina ..... machine (64, 75)	mínimo .... minimum (61)	no fumador . non-smoker (68)
máquina de escribir	minuto .... minute (75, 99)	noche .... evening,
typewriter (75)	mirada .... look (94)	night (5, 72)
máquina de refrescos	mirar .... to look at (9),	nombre .... name (1)
soda machine (74)	to watch (103)	(a) nombre de
maravilloso ... wonderful (76)	misterio .... mystery (103)	to the order of (63)
marcar (teléfono) . to dial (21)	mitón .... mitten (48)	normal ... normal, regular (29)
mariscos .... seafood (38)	modelo .... model (69)	normalmente .... normally (10)
marmota de América	moderno .... modern (78)	nosotros .... we (6); us (26)
woodchuck (100)	momento .... moment (21)	nota .... memo (63)
más .... more, else (37, 51)	moneda .... coin (58)	notar .... to note (53),
más cerca .... closer (77)	moneda de cinco centavos	to notice (77)
más corto .... shorter (45)	nickel (58)	noticias .... news (103)
más de ... more than (59, 90),	moneda de diez centavos	novela (de televisión)
over (60)	dime (58)	soap opera (103)
más grande .... bigger (45)	montador .... assembler (69)	noveno (9°) ... ninth (9th) (18)
más largo .... longer (45)	morado .... purple (48)	nublado .... cloudy (98)
más pequeño ..... smaller (45)	mostaza .... mustard (40)	nuera .... daughter-in-law (20)
más tarde .... later (25, 26)	mostrar .... to show (64)	nuestro .... our (17)
más temprano ..... earlier (92)	motocicleta .. motorcycle (68)	nuevo .... new (2, 9)
masticar .... to chew (90)	mover(se) .... to move (75)	número .... number (3, 4)
matrimonial .... marital (73)	muchacha .... girl (28)	número de identidad
mayoría ... most, majority (17)	muchacho .... boy (68)	ID number (83)
mayúscula ... capital letter (6)	mucho .... a lot of (37),	
mecánico .... mechanic (69)	much (33, 45)	O
medianoche ..... midnight (54)	muchos .... many (100)	objeto .... object (28)
medias de nylon .. pantyhose,	mudarse .... to move (83)	obtener .... to get (36, 41)
stockings (46, 47)	muebles .... furniture (81)	océano .... ocean (33)
medicina .... medicine (90)	muriendo de hambre	octavo (8°) .. eighth (8th) (18)
médico .... doctor,	starving (31)	ocupado .... busy (10)
physician (69, 90, 92)	muro .... wall (84)	oficina .... office (66, 75)
mediodía .... noon (54, 71)	músculo .... muscle (88)	ofrecer .... to offer (72)
mejor .... better (43, 89)	museo .... museum (27)	oído .... ear (88); heard
mejorar ... to improve (66, 94)	muy .... very (33, 54)	oir .... to hear (26)
melocotón .... peach (39)		ojo .... eye (49)
menor .... minor (90)	N	oler .... to smell (100)
menos .... less (43, 59);	nacimiento .... birth (93)	olvidar .... to forget (64)
except (79)	nada .... nothing (76)	operación ..... transaction (60)
menos de .... under (89)	nadar .... to swim (97)	óptica .... optician (69)
mensaje .... message (25)	naranja .... orange (39)	oración .... sentence (15)
mensajero .... courier (68)	nariz .... nose (88)	(en) orden .... (in) order (64)
mensual .... monthly (60)	natación .... swimming (97)	oscuro .... dark (48, 85)
menta .... mint (41)	necesario .... necessary (9)	oso .... bear (100)
merienda .... picnic (97)	necesitar .... to need (36)	otra vez .... again (50)
mes .... month (53)	negativa .... negative (24)	otro .... another (101),
mesa .... table (7)	negro .... black (48)	else (37, 51), other (40)
mesera .... waitress (74)	nervioso ...... nervous (10, 11)	(en) otro lugar
mesero .... waiter (74)	neumático .... tire (99)	someplace else (37)
mesita de centro	nevar .... to snow (98)	oveja .... sheep (100)
coffee table (85)	nieta .... granddaughter (20)	
mesita de costado	nieto .... grandson (20)	P
end table (85)	nietos .... grandchildren (20)	padre .... father (19)
mí .... me (17, 18)	niñera .... nanny (68)	padres .... parents (19)
mi, mis .... my (1)	niño .... boy (68)	pagar ..... to pay (for) (59, 62)
miembro .... member (20)	niños ..... kids = children (68)	pájaro .... bird (100)

palabra .... word (2)	persistir .... to persist (90)	preocuparse ..... to worry (94)
pan .... bread (40)	persona de limpieza	presentar .... to introduce (65)
panadería .... bakery (31)	cleaning staff (76)	primario ...... elementary (21)
pantalones ...... pants (46, 50)	personal .. personal (5); staff,	primero (1°) .... first (1st) (5)
papa .... potato (39)	personnel (68)	prima, primo .... cousin (20)
papas fritas .... french fries,	personalmente	probar .... to try (21)
.... fries (51)	(in) person (68)	probarse .... to try on (45)
papel .... paper (7)	pescado .... fish (38)	problema .... problem (72)
papitas fritas	pie .... foot (88)	procesador de datos
potato chips (40)	pierna .... leg (88)	data processor (69)
papitas saladas	piloto .... pilot (69)	programa .... show (103)
potato chips (40)	pimiento verde	programador
par .... pair (45, 50)	green pepper (39)	programmer (69)
para .... for (2, 33)	pintor .... painter (69)	pronombre .... pronoun (6)
para que .... so (66)	pintura .... paint (81)	pronóstico .... forecast (98)
parada .... stop (36)	piscina .... pool (96)	pronto .... soon (89)
paraguas .... umbrella (47)	piso .... floor (74)	pronunciar ...... pronounce (5)
parecer ...... to sound like (31)	piso de arriba ... upstairs (99)	(a) propósito
pared .... wall (84)	piso de abajo downstairs (99)	by the way (101)
parque .... park (37)	pizza .... pizza (40)	proveer .... to provide (68)
párrafo ... paragraph (35, 76)	pizarra .... chalkboard (7)	provisiones .... supplies (58)
parte .... part (6)	planta .... plant (85)	próximo .... next (26)
parte delantera ...... front (85)	plátano .... banana (39)	puede .... can (41, 43),
pasaje .... fare (36)	plateado .... silver (48)	may (21, 29)
pasa .... raisin (39)	plato .... dish (86)	puerta .... door (7)
pasatiempo .... hobby (73)	plato hondo .... bowl (87)	pues .... well (17)
paseo (a pie) .... walk (33, 34)	playa .... beach (33)	puesto .... position (73)
paseo en coche ... drive (100)	plomero .... plumber (69)	pulgar .... thumb (88)
pasillo .... aisle (42)	pluma .... pen (7)	pulmones .... lungs (88)
pastel .... cake (40)	poco .... little (17, 92)	pulsera .... bracelet (46)
patio .... patio, yard (80)	pocos .... few (44)	punta .... tip (90)
patinar sobre ruedas	policía .... policeman,	púrpura .... purple (48)
to go roller-skating (97)	policewoman (69)	**Q**
patrono .... employer (93)	poliza .... policy (93)	
pavo .... turkey (38)	pollo .... chicken (38)	que .... that, which (6, 36)
pecho .... chest (88)	poner .... to put (75)	qué .... what (8)
pedir .... to ask for (21, 43)	poner etiquetas . to label (90)	quedar .... to fit (45)
peinarse .... to brush (87)	popular .... popular (54)	quedarse .... to stay (76, 101)
película .... movie (56, 103)	poquito .... a little (92)	quemado .... burned (95)
pelo .... hair (49)	por .... for; per (60); by (29)	querer (a) .... to like;
peluquero .... stylist (68)	por favor .... please (4)	to want (29), to love (96)
pendiente .... earring (46)	por supuesto .. of course (52)	queso .... cheese (40, 42)
penique .... penny (58)	porción .... order (51)	quinto (5°) .... fifth (5th) (17)
pensar .... to think (20, 45)	por qué .... why (45)	quizás .... maybe (44)
pepino .... cucumber (39)	portafolio .. briefcase (44, 47)	
pequeño .... small (45)	portero .... janitor (69)	**R**
pera .... pear (39)	posible .... possible (92)	radiador .... radiator (99)
perder .... to lose (58)	práctica .... practice (3)	ranura .... slot (64)
perfecto .... perfect (60)	practicar ...... to practice (36)	rápidamente .... quickly (72)
periódico ...... newspaper (14)	preceder ...... to precede 28)	razón .... reason (73)
permiso .... license (66)	precio .... price (43, 50)	(en) realidad ..... actually (67),
permitido .... allowed (79)	preferir .... to prefer (58)	really (43, 45)
permitir .... to let (91, 94)	pregunta .... question (4,15)	recargo .... charge (60)
pero .... but (10, 25)	preguntar .... to ask (79)	recepcionista
perro .... dog (100)	prendas .... clothes,	receptionist (22)
perro caliente .... hot dog (38)	clothing (27, 44)	recetar .... to prescribe (94)

135

recibo .... receipt (50, 64)	sala .... living room (14)	solicitud .. application (72, 73)
reciente .... recent (73)	salchicha .... sausage (38)	solicitud de transbordo
recordar .... to remember (64)	saldo .... balance (60)	transfer (36)
referencia .... reference (68)	salir .... to go out (100),	sólo .... single (17)
refererirse .... to refer to (9)	to leave (73)	simplemente .... just (4)
refresco gaseoso ... soda (40)	salón .... living room (14)	soltero .... single (17)
regla .... ruler (7)	salón (de belleza) . salon (68)	sombrero .... hat (44)
regular .... regular (29)	salud .... health (88)	somnolencia
reloj .... clock (7)	salvo .... except (79)	drowsiness (90)
reloj de pulsera .... watch (49)	sección .... section (42, 68)	sonido .... sound (97, 102)
remedio .... remedy (90)	seco .... dry (98)	sótano ..... basement (74, 80)
(se) renta .... for rent (77)	secretario .... secretary (69)	su(s) (de ella) .... her (5)
reparalotodo	seguir .... to follow (2)	su(s) (de él) .... his (5)
handyman (69)	según sea necesario	su(s) (de ellos) .... their (5)
repetir .... to repeat (5, 7)	as needed (90)	su(s) (de Ud.,Uds.), tu(s)
repollo .... cabbage (39)	segundo (2°)	your (4)
reponer .... to replace (9)	second (2nd) (18, 74)	subrayada .... underlined (2)
representar	seguridad social	substituir ...... to substitute (2)
to represent (28)	social security (67)	sucursal .... branch (60)
requerir .... to require (68)	seguro .... sure (31)	suegra ..... mother-in-law (20)
resfriado .... (a) cold (89)	semana .... week (26)	suegro .... father-in-law (20)
responder ...... to answer (15)	sentarse ..... to sit (down) (87)	sueldo .... salary (68)
responsable	sentido .... meaning (6)	sueño .... dream (82)
responsible (68)	sentir .... to feel (22)	suerte .... luck (103)
respuesta .... answer (8)	señor .... sir (4)	suéter .... sweater (48)
restaurante .... restaurant (31)	separadas .... separate (6)	sujeto .... subject (6)
restricciones	séptimo (7°)	superficie .... surface (90)
restrictions (82)	seventh (7th) (18)	supermercado
resumen .... résumé (71)	ser .... to be (6)	supermarket (37)
retirar .... to make a	serio .... serious (94)	sustantivo .... noun (15)
withdrawal (61)	servicio .... service (60);	T
retiro .... withdrawal (60)	restroom (74)	
reunión .... reunion (102)	servicios (agua, electricidad	tabletas .... tablets (90)
revisar .... to check (8)	y gas) .... utilities (78)	talla .... size (45)
revista .... magazine (85)	sexto (6°) .... sixth (6th) (18)	tamaño .... size (45)
rincón .... corner (27)	show de competencia	también .... also (9), too (1)
río .... river (100)	game show (103)	tan .... so (76)
rizado .... curly (49)	sí .... yes (13)	tapa .cap (90), cover, lid (75)
robado .... robbed (95)	si no .... otherwise (60)	tarde .... afternoon (5)
rodilla .... knee (88)	siempre .... always (6)	tareas escolares
rojo .... red (48)	siguiente .... following (9)	homework (14)
ropa ..... clothes, clothing (44)	sílaba .... syllable (16)	tarjeta .... card (60, 64)
ropa para lavar .. laundry (42)	silla .... chair (7), seat (72)	tarjeta de matrícula
rosado .... pink (48)	simplemente .... just (4)	registration form (5)
rosca, rosquilla	sin brillo .... flat (81)	taza .... cup (51, 87)
doughnut (40)	sin plomo .... unleaded (99)	teatro ... theater (theatre) (31)
rubio .... blond (49)	síntomas .... symptoms (90)	techador .... roofer (69)
ruta .... route (36)	sitio .... location (95)	tecla .... key (75)
	sobre .... envelope (29)	tecla de retorno
S	sobrina .... niece (20)	return key (75)
sabor .... flavor (41)	sobrino .... nephew (20)	telefonista
sacapuntas	sofá .... sofa (84)	directory assistance (21)
pencil sharpener (7)	solamente .... only (59, 83)	teléfono .... phone
sacar .... to make a	soleado .... sunny (98)	telephone (4)
withdrawal (60)	solicitar .... to apply (for) (70),	televisión . television, TV (14)
sacudir .... to dust (86)	to request (36)	televisor ... television, TV (14)

temperatura
    temperature (91)
temporal .... temporary (89)
tenedor .... fork (87)
tenedor de libros
    bookkeeper (69)
tener .... to have (17)
tener cuidado
    (to be) careful (58)
tener ganas
    to look forward to (96)
tener hambre
    (to be) hungry (11)
tener que .... to have to (37)
tener razón . (to be) right (77)
tener sed .. (to be) thirsty (11)
tener sueño
    (to be) sleepy (11)
tentempiés .... snacks (40)
tercero (3˚) .... third (3rd) (17)
terminar de .... to finish (86)
terremoto ..... earthquake (95)
terrible .... terrible (76, 89)
ti .... you (4)
tía .... aunt (20)
tibio .... warm (98)
tiempo .... weather (101)
tienda .... store (37)
tienda de abarrotes
    grocery store (27)
tío .... uncle (20)
tipo .... kind (43. 67)
título .... title (69)
tiza .... chalk (7)
tobillo .... ankle (88)
tocar .... to press (75),
    to push (64), to touch
tocino .... bacon (38)
todo .... all (51),
    everything (78)
todo el mundo
    everybody (87)
tomar .... to take (25)
tomate .... tomato (39)
tono claro .... light (81)
tormenta .... storm (98)
tornado .... tornado (98)
torta .... cake (40)
tos .... (a) cough (89, 92)
toser .... to cough (90, 94)
total .... total (59)
(en) total .... altogether (59)
trabajar .... to work (66)
trabajo ... job (67), work (22),
    occupation (70, 93),
    employment (65)

traducir .... to translate (6)
traductor .... translator (69)
traer .... to bring (71)
traje .... outfit (44), suit (47)
transferir .... to transfer (61)
transporte .... transit (36)
trasladar .... to transfer (36)
(a) través de ...... through (72)
tu(s) .... your (4)

U

unas .... some (37)
uniforme .... uniform (68)
universidad .... university (68)
unos .... some (37)
usar .... to use (15)
usted, ustedes .... you (4)
usualmente .... usually (54)
útil .... useful (43)

V

vaca .... cow (100)
vaciar .... to empty (86)
vagoneta .... van (68)
vaso .... glass (87)
vecindario
    neighborhood (35)
vegetal .... vegetable (37)
vendedor .... salesperson (69)
venir .... to come (37, 50)
venta .... sale (43)
ventana .... window (7)
ver .... to see (33, 51, 71)
verbo .... verb (6)
verdadero .... real (36)
verde .... green (48)
verdura .... vegetable (37)
verificar .... to check (8)
vestido .... dress (45)
vestirse ... to get dressed (87)
vez .... time (43)
viaje .... trip (99)
viejo .... old (17, 83)
virus .... virus (90)
visitar .... to visit (57)
vivir .... to live (17)
vocabulario .... vocabulary (1)
vocal .... vowel (3)
vuelo .... flight (69)

Y

y .... and (1)
ya .... yet (67)
yerno .... son-in-law (20)
yo .... I (1, 6, 10)
yogurt .... yogurt (40)

Z

zanahoria .... carrot (39)
zapato .... shoe (46)
zona .... area (4, 36)
zona postal .... zip code (4)
zorro .... fox (100)

www.ingramcontent.com/pod-product-compliance
Lightning Source LLC
Chambersburg PA
CBHW070555160426
43199CB00014B/2518